U0005195

大阪，慢慢散步

走進大阪人的經典與日常

作者
Vivian Chang

世界主題之旅 130

目 CONTENTS 錄

作者序

如果不是在大阪當家庭主婦，也許不會有毅力與時間完成一本書吧？

住在異地變成外國人，很多時候都不是表面上看到的美好，努力划水避免被淹沒的同時，仍要努力地看見生活的良好面，感謝忙碌與接連不斷的挑戰。經過時間的洗禮，踏在這個國家終於有一點點自信，對大阪的環境從陌生到逐漸熟悉，由於希望能更加了解這座城市，建立與居住城市的情感連結，因此忙於日常瑣事之餘，積極探訪大阪與周邊城市許多地方。多了一份熟悉感的城市，這裡已經是生活，不是遠行。

旅行對我的魅力是，去過越多地方，親身感受不同的文化與生活，會讓自己變得謙卑與思考過往「自以為是」的自己。雖然現在暫時無法到太遠的地方「旅行」，生活中的每一天，用心生活在當下即是旅行。書裡許多景點或餐廳是自己在一輪探訪之後，很喜歡、回訪率高、依然去不膩的，這些地方也是我在大阪日常生活的「朋友」，陪伴我度過許多海外生活時刻。想介紹給旅人認識，其實這些地方也是大阪的一部分。

特別想對獨行旅者說，單獨出遊有些時候會感到一絲絲孤單，尤其是當你很想跟某個景色合照，或者是對當下的人事物感動到好想馬上分享的時候。但是也因為是一個人，對事物的觀察力與感受，與有同伴一起旅行時真的不同，每個景點回憶起來都深刻。本書的內容沒有華麗的辭藻堆疊，只有平鋪直述，希望你能感受到文中的真誠介紹、真心推薦。

作者簡介

Vivian Chang

住在大阪的台灣嘉義人。原本在台灣當了12年上班族，下定決心到大阪與先生一起展開新生活，回想起來也不知道是哪來的勇氣。

以前喜歡到遠方旅行那種抽離現實生活的短暫存在感，現在則是花很多時間在認識自己居住的大阪，以及大阪周圍的城市。每天的生活與挑戰都是旅行的一種，已經不追求踩點或行軍般勞累的旅行方式，越來越能理解定點旅行、放慢腳步的美好。

個人部落格

MoVe On 旅食：
viviancviewlife.blogspot.com

FB 粉絲專頁

MoVe On 旅食

Instagram

@vivianc_16

來自編輯室

出發前，請記得利用書上提供的 Data 再一次確認

每一個城市都是有生命的，會隨著時間不斷成長，「改變」於是成為不可避免的常態，雖然本書的作者與編輯已經盡力，讓書中呈現最新最完整的資訊，但是，我們仍要提醒本書的讀者，必要的時候，請多利用書中的電話，再次確認相關訊息。

資訊不代表對服務品質的背書

本書作者所提供的飯店、餐廳、商店等等資訊，是作者個人經歷或採訪獲得的資訊，本書作者盡力介紹有特色與價值的旅遊資訊，但是過去有讀者因為店家或機構服務態度不佳，而產生對作者的誤解。敝社申明，「服務」是一種「人為」，作者無法為所有服務生或任何機構的職員背書他們的品行，甚或是費用與服務內容也會隨時間調動，所以，因時因地因人，可能會與作者的體會不同，這也是旅行的特質。

新版與舊版

太雅旅遊書中銷售穩定的書籍，會不斷再版，並利用再版時做修訂工作。通常修訂時，還會新增餐廳、店家，重新製作專題，所以舊版的經典之作，可能會縮小版面，或是僅以情報簡短附錄。不論我們作何改變，一定考量讀者的利益。

票價震盪現象

越受歡迎的觀光城市，參觀門票和交通票券的價格，越容易調漲，但是調幅不大（例如倫敦），若出現跟書中的價格有微小差距，請以平常心接受。

謝謝眾多讀者的來信

過去太雅旅遊書，透過非常多讀者的來信，得知更多的資訊，甚至幫忙修訂，非常感謝你們幫忙的熱心與愛好旅遊的熱情。歡迎讀者將你所知道的變動後訊息，善用我們提供的「線上回函」或是直接寫信來 taiya@morningstar.com.tw，讓華文旅遊者在世界成為彼此的幫助。

太雅旅行作家俱樂部

如何使用本書

本書前半部先從地理、季節、日常生活與習俗著墨，讓讀者對大阪有初步認識，接著分區介紹大阪市觀光景點。同一區域的景點，多數可步行抵達，搭配地圖，幫助旅人深度漫遊大阪市。本書後半部著重介紹大阪周邊城市景點，搭乘各家私鐵，來一趟可當日來回的鐵道一日遊。

大阪魅力原來在此

大阪人的日常小事、季節景色、節慶習俗、美食推薦等，透過各種主題特輯，讓你入境隨俗，更深入了解大阪。

經典就從建築說起

世界級建築大師安藤忠雄出身大阪，在大阪留下了許多經典設計。清水模、光與影，他的設計融入人們的生活，而非只著重展現個人色彩；看似簡單樸素的建築，經得起時代考驗，富有美感。

本書資訊符號

- 地址
- 價錢
- 電話
- 網址
- 時間
- 地圖
- 交通指引
- 停留時間

地圖資訊符號

- 經典與日常・一日遊景點
- 重要地標
- 機場
- 地鐵站
- 巴士站

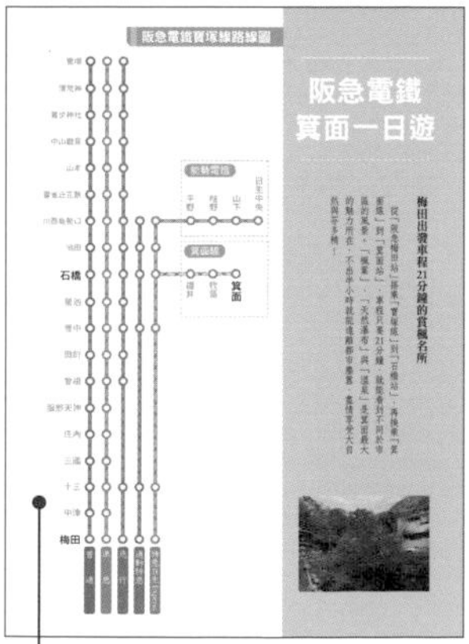

從大阪出發的一日小旅行

簡介5條途經大阪的交通路線，利用阪堺電車、近鐵、阪急電鐵、南海電鐵、單軌電車等大眾交通工具，就能前往堺市、箕面市、大阪狹山市、奈良等地區，停留站點遊覽、探訪美食老店。各路線皆附上地圖。

經典與日常，分區玩大阪

將大阪市區的景點、商圈分區介紹，每個分區皆列出該區的「經典」與「日常」，提供多樣化的選擇。「經典」多是名勝景點、古蹟建築、知名老店；「日常」則是公園、美術館、選物店、咖啡廳等。各分區皆附上地圖。

大阪魅力發現

從台灣平均飛行約3小時即可抵達的大阪，是日本關西地區的重要轉運站，無論是前往京都、奈良、神戶、名古屋或和歌山，交通都很方便。

心齋橋及梅田走到腿痠都不願放棄的購物non-stop、大阪在地美食吃到撐、建於豐臣秀吉時代的日本三大名城之一大阪城、大人小孩都玩瘋的日本環球影城（USJ）……水都大阪的意象、豪爽幽默的大阪人，來一趟大阪快閃或深度旅行，找尋屬於你的大阪模樣。

大阪府小檔案

面積與人口

面積約1,899平方公里。大阪府由43個市町村構成，總人口數為日本第三高，約883萬人；其中大阪府大阪市人口數為全日本第二高的城市，約271萬人。

http 大阪府：www.pref.osaka.lg.jp

1

氣候

根據日本氣象廳統計，大阪夏天平均溫度未突破攝氏30度，不過盛夏的最高溫常在攝氏35～37度間，遇到熱浪來襲時，會有置身東南亞的錯覺，明顯感受到全球暖化與氣候異常的威力。

冬季時，大阪市區其實很少積雪，頂多飄雪花。最近一次市區罕見的明顯積雪是在2018年2月，成為當日的一大新聞。想在大阪體驗白雪皚皚的景色，冬天可前往大阪府第一高山「金剛山」。

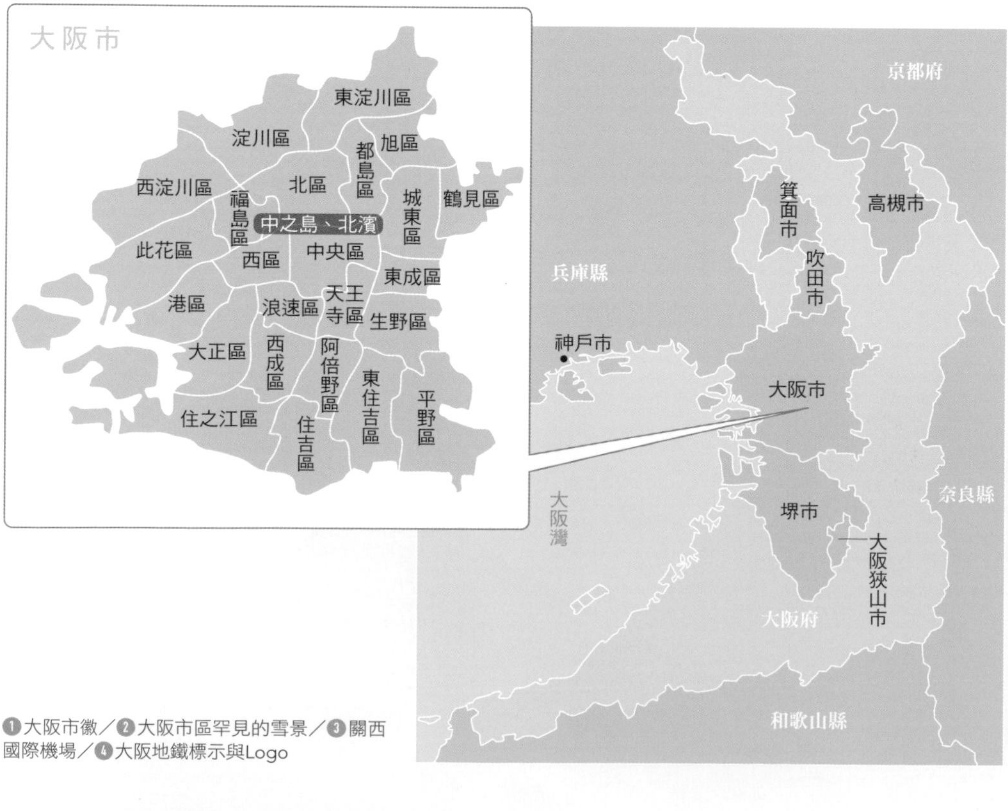

❶大阪市徽／❷大阪市區罕見的雪景／❸關西國際機場／❹大阪地鐵標示與Logo

機場

關西國際機場 (Kansai International Airport) 有第一航廈與第二航廈，簡稱「KIX」。大阪市區內有一個「伊丹機場」(Itami Airport)，這個機場在官網上的名稱是「大阪國際機場」，但實際上只有日本國內線航班起降；除了從「新大阪站」搭乘新幹線，或是從關西機場搭乘日本國內航班，還可選擇從「伊丹機場」搭乘國內線航班前往日本其他城市。

◎大阪市主要景點與車站相對位置圖

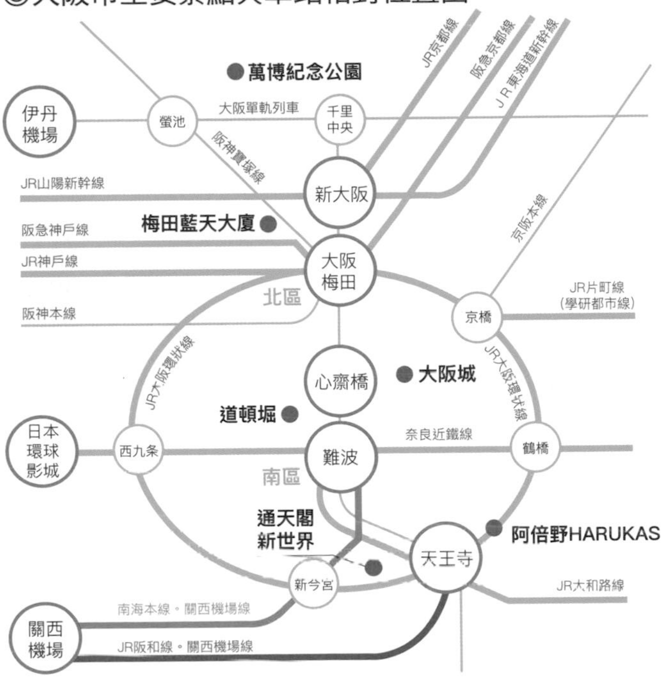

圖片提供／旅行日Travel Days

鐵路

搭乘京阪電車、近鐵、阪神電車與南海電鐵，往返與大阪府相鄰的京都、奈良、神戶與和歌山等城市，都很便利。

在大阪市區旅行，搭乘地鐵最方便，「大阪市營地下鐵」於2018年4月1日民營化並改名為「Osaka Metro」，共有8條地鐵線與1條輕軌電車 (New Tram) 路線。除了地鐵，大阪市區鐵道交通的另一選擇是JR，其中「JR大阪環狀線」(Osaka Loop Line) 停靠「大阪站」、「大阪城公園站」、「鶴橋站」、「天王寺站」等，沿途旅遊景點也不少。

http 大阪市地鐵Osaka Metro：www.osakametro.co.jp

2

4

3

大阪人的日常

大阪日常小事

* 大阪人急性子

急性子（せっかち）的人頗多，行人或腳踏車常在綠燈前就急著橫越馬路。有一說法是大阪是「商人的城市」，商人動作要快，以免生意被別家搶奪先機，分秒必爭的意識下，至今還有此「習慣」。

* 關西腔不等於大阪腔

關西地區其他城市，如京都、奈良、兵庫、滋賀、和歌山有各自的當地方言，關西腔（関西弁）指的是關西地區城市特有的單字與講話語調，並不等於大阪腔。

* 東西通、南北筋

大阪市路名東西向稱「通」（どおり），南北向稱「筋」（すじ），主要路名與大阪地鐵（Osaka Metro）路線名稱相同。

＊搭手扶梯靠右，但走路靠左

到日本旅行，會自動切換「搭手扶梯靠左站立」模式，不過在大阪搭手扶梯時請靠右喔！關於這個習慣的改變，最早是因為阪急電鐵梅田站遷移地點後，設置了一條三層樓高的手扶梯；為了安全考量，廣播宣導「左側留給趕時間的人通行」，因此開始推行站立在右側的習慣；到了 1970 年大阪舉行萬國博覽會時，為了迎合大批國外旅客的日常習慣，全面宣導「搭手扶梯請靠右側站立」但是只限手扶梯，大阪人走路還是靠左邊。

＊家庭自製章魚燒

幾乎每個家庭都有烤章魚燒的機器，家電賣場 BIC CAMERA 就有章魚燒機器販售專區！

＊吃肉包沾黃芥末

大阪「551 蓬萊」肉包聞名全國，只有大阪人吃肉包沾黃芥末醬（カラシ），黃芥末醬是 551 蓬萊白家製作，無添加物，深受大阪民眾愛戴。

＊大阪市咖哩店林立

尤其是印度香料咖哩與斯里蘭卡咖哩，最有名的排隊名店是大阪市本町的「BOTANI:CURRY」。

入境隨俗，聽懂大阪腔

大阪腔最大的特色是單字的尾音拉長，講話語調與日文「標準語」的字正腔圓差很多。獨特的單詞、語調，有種親切或喜感，可以拉近距離。此外，大阪腔也經常出現在綜藝節目或成為搞笑藝人的梗，有人覺得有趣，也有人覺得俗氣。

大阪腔	發音	中文	英文
おおきに	o-o-ki-ni	謝謝	Thank you
ほんまや	ho-n-ma-ya	真的嗎？	Really?
ちゃうよ	chya-u-yo	不對喔、不是喔	No
へん	he-n	動詞後面加上へん，表示否定	don't
あかん	a-ka-n	不可以、不行	can't

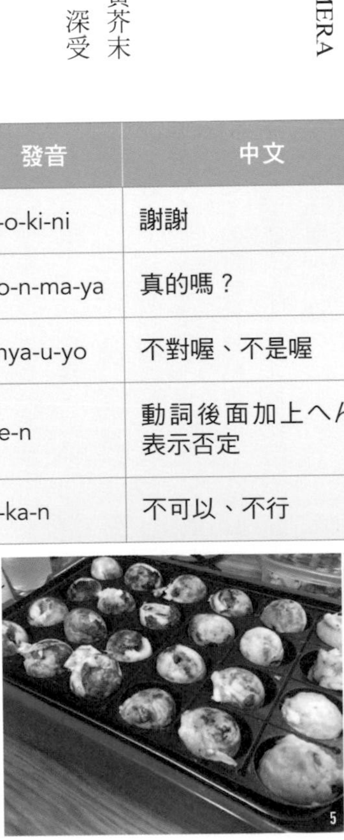

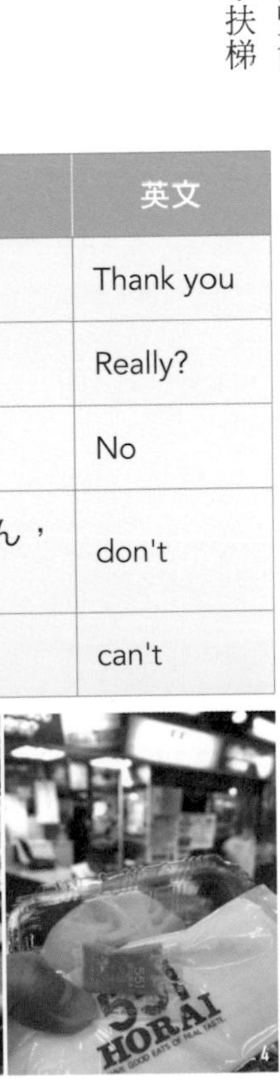

❶大阪市東西向的道路稱「通」／❷大阪市南北向的道路稱「筋」／❸大阪市的路名，與地鐵線名稱有關連／❹買肉包附黃芥末醬／❺家庭用章魚燒機器

大阪的季節景色

櫻花

大阪城西之丸庭園（Osaka Castle Park Nishinomaru Garden）

大阪市經典賞櫻景點

「西之丸庭園」就在大阪城「天守閣」護城河的對面，在此能以最近的距離和高度觀賞「天守閣」。春天賞櫻期間，3月底～4月上旬，很多上班族與市民早早就會到這裡鋪上藍色野餐墊占位子，在櫻花樹下看著隨風搖曳的盛開櫻花一邊野餐，是很多當地人在春天一定會做的事。庭園內部有一排攤販餐車，大阪城公園境內有多家LAWSON超商，賞櫻人潮多，建議出發前就先購買好食物，才能省時免排隊。

- 📧 大阪市中央區大阪城3-11
- 📞 06-6941-1717
- 🕘 3～10月09:00～17:00，11～2月09:00～16:30，櫻花季夜間開放，每年開放日期與時間請參考官網，週一公休、新年假期公休(12/28～1/4)
- $ 大人200日幣、國中以下免費
- ➡ JR大阪環狀線「大阪城公園站」1號出口，步行5分
- ⌛ 1～1.5小時
- http osakacastlepark.jp

1

紫藤花

熊野街道信達宿藤

私人住宅賞三大名藤之一「野田藤」

賞花地點是當地人梶本家的私人住宅，每年4月下旬藤花季開放給民眾參觀。僅僅一棵藤樹的生命力如此強勁，構成壯觀美景，在藤花下抬頭望，每個人都讚嘆非常。若要加碼感受藤花的規模，可登上露台（收費每人100日幣）感受4萬株藤花的紫色魅力。住宅旁的道路「熊野街道」（紀州街道），是日本平安時代通往「熊野三山」必經的「宿場町」，是提供通行者住宿之地；與賞藤花景點步行5分鐘距離的「紀州街道信達宿本陣跡 角谷家」配合藤花季特別開放參觀，對日本歷史有興趣的旅人，千萬別錯過。

- 📧 大阪府泉南市信達牧野1338
- 📞 私人住宅，不公開
- 🕘 10:00～17:00，每年開放日期依藤花開花進度調整
- $ 免費參觀，放置捐款箱，可捐款100日幣作為每年舉行藤花祭基金
- ➡ JR阪和線「和泉砂洲站」西出口，步行8分，賞藤花期間幾乎每個人下車都往同一個方向前進
- ⌛ 1.5～2.5小時
- http kumanokaido-fuji.sakura.ne.jp

❶西之丸庭園入口，櫻花滿開景色／❷抱藤樹可獲取能量／❸一棵野田藤樹延伸近30公尺，覆蓋庭院成天然遮陽棚

3

2

繡球花

ホテル ロッジ舞洲 (Hotel Lodge Maishima)

度假飯店的繡球花園

「繡球花」是每年梅雨季帶來的禮物，大阪舞洲的度假飯店花園內，種植了65種品種，約1,500株繡球花，開放民眾免費入園參觀。除了度假小木屋外綻放的繡球花，飯店還有BBQ區與自助式吃到飽餐廳，飯店對面馬路有咖啡店。舞洲旁邊的「夢洲」已經確定是2025年大阪萬國博覽會的舉辦預定地，到時候這區會更加熱鬧。

- 大阪市此花區北港綠地2-3-75
- 06-6460-6688
- 每年6月，無時間限制，11:00～15:00可享用飯店自助式吃到飽，大人2,300日幣、4歲～小學1,400日幣，4歲以下免費
- 免費參觀
- JR環狀線「西九条站」，轉乘市營公車81系統「舞洲スポーツアイランド行き」
- 2～2.5小時
- www.lodge-maishima.com

2

3

1

銀杏

御堂筋 (Midosuji)

秋季大阪的「銀杏大道」

大阪最主要的道路「御堂筋」，是縱貫大阪市南北向的大馬路，而且是單行道，據說緊急時刻可作為飛機起降跑道。只要看著車流方向（車子行進的方向就是往難波的方向），就能判斷南（難波）、北（梅田）方。2017年是完工第80週年紀念，當初選定銀杏為路樹，是考量銀杏是東洋特有樹種，最適合用來象徵東洋國際大都市。秋天11月中旬過後，銀杏葉轉為金黃色，特別是在陽光下，更顯閃耀。每年大阪馬拉松比賽的路跑路線也會經過御堂筋，有金黃色銀杏相伴跑者。

- 御堂筋沿路
- 大阪地鐵「御堂筋線」「難波站」24號出口，往心齋橋、本町方向走，沿路都是銀杏樹
- 1～1.5小時
- mido-suji80.info

4

❶❷❸Hotel Lodge Maishima度假小木屋的繡球花園／❹每年秋天舉辦的大阪馬拉松路跑／❺冬天的御堂筋點燈，現場十分浪漫／❻銀杏樹兩旁國際精品店林立，逛街還可欣賞風景

6

5

1

熱帶雨林到極地

鮮花競放館（咲くやこの花館）

日本最大溫室，植物迷必訪

「鶴見綠地站」出站後往右手邊走，會先經過一條種植高聳落羽松的路，再往左彎，就會隱約看到一座玻璃帷幕的大型建築，這裡就是日本最大溫室「鮮花競放館」。

＊熱帶雨林植物室、花木室

一進到溫室，首先迎接訪客的是熱帶雨林區，蟲鳴鳥叫的逼真背景音樂與瀑布聲，走在小徑彷

2

3

✉ 大阪市鶴見區綠地公園2-163
☎ 06-6912-0055
🕒 10:00～17:00，週一公休，12/28～1/4公休
$ 大人500日幣、國中生以下免費
➡ 大阪地鐵「長堀鶴見綠地線」「鶴見綠地站」1號出口，步行10分
⌛ 1.5～2.5小時
http www.sakuyakonohana.jp

❶「鮮花競放館」建築以睡蓮為意象，大池子中有各種睡蓮／❷大型蓮花葉可承重小朋友的體重／❸乾燥地植物室的仙人掌／❹高山植物室，「祕境之花」／❺高山植物室小巧精緻的伏地植物

佛置身雨林。由於溫室內需要配合植物生長的溫度與濕度，夏天時在這一區停留，有些悶熱煎熬，還會被蚊子咬個幾口，記得絕對要攜帶防蚊液。植物種類豐富，一旁有睡蓮溫室，各種不同層次的綠意與鮮豔花朵，就算會有被蚊子叮的可能，還是值得逗留欣賞。

＊乾燥地植物室

乾燥地植物區有許多外形圓圓胖胖的仙人掌，看著它們好療癒。非洲、馬達加斯加、美洲、澳洲的仙人掌都網羅在此，除了溫室內，室外也有仙人掌展示區，可坐在仙人掌對面座位與它們相望放空。

＊高山植物室

乾燥地植物區隔著一扇玻璃門，就是高山植物區。門一打開，皮膚感受從乾燥炎熱到冰涼的瞬間轉換，夏天時，這區的訪客較多，盛夏也保持在20℃以下，很涼爽。最受矚目的是從喜馬拉雅山到中國四川省高山可見的「祕境之花」（ヒマラヤの青いケシ），中文是「藍罌粟」；還有歐洲、日本、中國高山的伏地植物與小巧玲瓏的花朵，需要蹲下來才能觀賞到這些稀有植物。

認識關西節慶習俗

和菓子遵循季節更迭而變化、神社年度大事、百貨公司活動檔期，從這三者切入，最容易觀察日本的傳統習俗。日本各地對同一個節日的傳統習俗詮釋有些不同，若你的旅行時間剛好遇上當地的某個節日、祭典活動，親自參與就是體驗當地文化的絕佳機會。日文有句話「郷に入れば郷に従え」，意思與中文「入境隨俗」相同，認識世界的遼闊、文化的異同，也是旅行的其中一項目的。

初詣

新年第一天，到神社參拜祈福

每年的第一天，日本人最重要的行程是到神社參拜，日文稱為「初詣」(はつもうで)。在大阪市區，想要知道日本人如何迎接新年第一天，可以到各個神社體驗。其中御堂筋馬路旁的「難波神社」外牆，會掛上各種創意的生肖圖，神社境內大家排隊參拜祈福，抽籤討吉利。特別是狗年，會看到民眾帶著家裡的毛小孩一起到神社拜拜，溫馨可愛。

難波神社 (Namba Shrine)

- 大阪市中央區博勞町4丁目1番3號
- 06-6251-8000
- 06:30～18:00，12/31不關門至1/1 18:00
- 免費
- 大阪地鐵「御堂筋線」「心齋橋站」3號出口，步行5分；或「本町站」13號出口，步行5分
- 0.5～1小時
- www.nanba-jinja.or.jp
- P.77

❶許多民眾會於新年「初詣」時前往難波神社／❷難波神社境內躲過二戰空襲，樹齡超過400年的神木／❸❹難波神社每年會掛上該年的生肖圖，圖案很可愛，吸引參拜者拍照

4

2

3

1

今宮戎神社(Imamiya Ebisu Shrine Osaka)

- 大阪市浪速區惠美須西1丁目6-10
- 06-6643-0150
- 09:00～17:00，十日戎期間開放夜晚參拜
- 免費
- 大阪地鐵「堺筋線」「惠美須町站」5號出口，步行5分；或南海高野線「今宮戎站」，步行1分內
- 1～2小時
- www.imamiya-ebisu.jp
- P.114

❶福娘攤位前，拿著細竹的民眾絡繹不絕／❷美麗與氣質兼具的福娘／❸今宮戎神社在十日戎期間非常熱鬧，滿是高舉細竹的民眾／❹招財小物(吉兆)的價位與選擇／❺今宮戎神社外販賣財神裝飾的攤販／❻十日戎期間，今宮戎神社境內及四周都是販售吉兆的攤子

十日戎

商人的城市，拜財神好歡樂

每年1月9日~1月11日是為期3天的「十日戎」，1月9日「宵戎」、1月10日「本戎」、1月11日「殘戎」。這3天在大阪經常會遇到身著西裝的上班族，手提著裝有細竹的袋子，往相同的方向走，目的地是「今宮戎神社」；也會看到做生意或是公司業務單位集體到「今宮戎神社」參拜，祈求新的一年生意興隆（商売繁盛）。

進神社前，要把去年向神社拿的細竹還給神社，再去拿新的細竹。接著就依照自己的心願，請神社四周攤販的「福娘」幫你綁上招財小物（吉兆）。要在「十日戎」期間擔任「福娘」，必須經過層層面試徵選，每一位都年輕漂亮，每年也有開放名額給外國留學生參加甄選。神社內播放著財神歌曲，節奏輕快，氣氛十分歡樂，神社正中央的香油錢（賽錢）有支票或紙鈔，場面壯觀。神社周圍攤販的財神裝飾非常吸睛，各種誇張裝飾都有，讓人大開眼界。

節分

不只撒豆子驅魔，還有一口氣吃完惠方卷的習俗

「節分」是四季的分隔線，立春、立夏、立秋、立冬的前一天，日本各地常見的祈福活動是撒豆子驅魔（豆まき），此外，還有一項習俗是吃「惠方卷」。

惠方卷其實就是不切的整條壽司卷。祈福方式很有趣，朝著每年的「惠方」（福神的方位），一口氣吃完一條壽司卷，一邊吃一邊虔誠許願，這個動作看起來容易，實際執行卻需要勇氣與毅力啊！如果吃到一半就停止，運氣會跑掉喔。

大阪市最盛大的惠方卷祈福活動在「大阪天滿宮」。早上開始發放千條免費惠方卷，大概在上午10點以前就會發放完畢，接著中午12點集合，進行祈福活動，最後大家面向著當年的「惠方」努力地吃完惠方卷，就是活動的重頭戲。當下現場很安靜，一旁會有圍觀民眾一同參與，甚至幫參加者加油！

關於節分這天要吃惠方卷的習俗由來，有好幾個說法，大多數的說法是當時大阪的海苔批發商與壽司協會，為2月3日創造節日話題商品，後來被廣島的7-11得知這個點子，將「在節分這天吃惠方卷會帶來好運」當作行銷手法，惠方卷的知名度才越來越高。據說關東人不太搭理這項源自大阪的習俗，不過在大阪節分當天，壽司卷店家都是大排長龍，大阪人至今也仍努力地維持著這項習俗。

大阪天滿宮 (Osaka Temmangu Shrine)

- 大阪市北區天神橋2丁目1-8
- 06-6353-0025
- 09:00～17:00，全年無休
- 免費
- 大阪地鐵「堺筋線」、「谷町線」「南森町站」4號出口，步行4分
- 1～1.5小時
- www.tenjinsan.com
- P.63

❶吃惠方卷活動前的暖場秀／❷一早排隊拿到「招福娘」發放的整理券，才能領到「惠方卷」／❸面向著「惠方」，大阪天滿宮千人齊吃「惠方卷」／❹惡魔面具、福豆與壽司卷攤位／❺節分時，各地的壽司卷攤位生意最好

兒童節

男兒節千面鯉魚旗飄揚

日本從奈良時代開始，就有過端午節(端午の節句)的習俗；到了江戶時代，武士成為勢力的中心，「菖浦」的發音與日文「尚武」相同，除了祈求武士家的男孩繼承者平安長大，也會在家門前掛菖浦驅邪。

懸掛鯉魚旗的傳統，是從江戶時代開始，由於鯉魚是生存能力強的魚類，中國成語「鯉躍龍門」有好的寓意，象徵男孩能健康長大。日本3月3日是「女兒節」，而5月5日則在1948年開始改定為「兒童節」(子供の日)。

大阪高槻市每年在「芥川櫻堤公園」舉行的鯉魚旗活動十分熱鬧，雖然活動場地距離JR車站步行約15分鐘，還是吸引許多市民或旅客前往感受節日氣氛。活動期間許多人都往相同的方向走，不用擔心迷路。沿著堤防走到會場，沿途還有烤肉味相伴，全家在河岸邊烤肉、玩水，一邊欣賞悠游半空中的彩色鯉魚旗。回程可以逛兩條商店街，和菓子店會販售兒童節應景的「粽」與「柏餅」，粽與台灣粽子的外型與口味完全不同，柏餅則是用柏樹的葉子包成的傳統菓子。柏樹在新葉冒出後，舊葉才會掉落，有象徵子孫繁榮的好兆頭，入境隨俗不妨一試。

高槻市芥川櫻堤

- 高槻市清福寺町芥川櫻堤公園
- 072-675-9374
- 10:00～16:00，每年活動日期請確認官網
- 免費
- JR「高槻市站」，往公車站旁的商店街走，步行15分
- 1.5～2小時
- koinoborifesta1000.jimdo.com

❶在河堤遠處就能感受到節慶氛圍／❷現場還有小朋友繪製的小鯉魚摺紙排列在看板上／❸芥川櫻堤上千面鯉魚旗一齊飄揚，現場壯觀／❹「柏餅」也是兒童節的傳統菓子

年末年始

不同於台灣的日本過年傳統習俗

* 一年的最後一天「大晦日」

12月31日，日本的跨年方式是在家看「紅白歌唱大賽」吃「跨年蕎麥麵」（年越しそば），或是到神社等凌晨0點敲鐘祈福，這天神社不關門，會與民眾一齊跨年。跨年活動偏冷靜，沒有戶外大型跨年演唱會。

* 年菜（おせち料理）

日本的年菜是冷食，通常在新年的前3個月，各大百貨公司甚至便利商店，就開始會有預購年菜的活動，每樣年菜都有其吉祥語意。由於是冷食且價格不便宜，我個人目前為止還是喜歡吃熱騰騰的火鍋度過新年。

* 過年吃蟹

大阪辦年貨最熱鬧的地方之一是「黑門市場」，很多當地人會到這裡買螃蟹與海鮮。冬季肥美的帝王蟹與松葉蟹，真的超誘人！帝王蟹與松葉蟹平時不可能常常吃，過年餐桌上多了紅咚咚的蟹，增添喜氣又加菜。蟹腳又肥又大隻，象徵「招來好運」。

* 門松

聖誕節過後，街上的擺設全面改成「門松」迎接新年。日本的新年到1月15日結束，日期一到，就要將門松拿到附近神社集中焚燒，有送神之意。關西地區的門松很花俏，商店前擺的門松一定要氣派，這樣年神才不會迷路，能把幸福與祝福送給你。

* 1月2日搶福袋

新年第一天（1月1日），大阪的超市、百貨公司與絕大部分商店都不營業。1月2日開始稱為「首賣日」（初売り），百貨公司與商場會提供各式超值福袋，通常需要排隊搶購。

❶門松主要由松竹梅組成，南堀江Orange Street BIOTOP店前門松擺設／❷一年的最後一天吃「跨年蕎麥麵」，生意很好的蕎麥麵攤／❸鯛魚也是迎新年必備年菜之一／❹新年逛街搶福袋／❺很多人會買蟹腳，象徵「招來好運」

道頓堀與大阪Style巨型招牌

感受大阪式的浮誇與熱情！

想了解道頓堀的歷史，一定會提到道頓堀旁邊的運河「道頓堀川」。由安井道頓先生自費著手計畫開挖的運河，在 1615 年完工，取名「道頓堀」。17 世紀後半，這區是大阪的劇場聚集地，有「大阪的百老匯」之稱。隨著時代的變遷，有些劇場已關閉，或是遷移至他處。現在道頓堀最容易找到的其中一座劇場是「御堂筋」馬路旁的「大阪松竹座」。此外，道頓堀的另一邊現在有許多旅館，以前是大阪有名的「花街」，可惜現在已看不到藝伎出現在道頓堀街上。

道頓堀的大型立體看板，是許多人心中的大阪特色之一。尤其是固力果（グリコ）看板，現在已更新到第六代，LED 與畫面的細緻度更進階，夜晚拍照配合動態看板，景色變換更加有趣，與「固力果」合照算是來大阪到此一遊的證明。由於觀光發展，道頓堀兩旁現在多是餐廳、街頭小吃或飯店，大阪人「浮誇」與「幽默」兼具的做生意方式，在這些巨型招牌中展露無遺。

來大阪的「Must Do」之一，與固力果看板合照

道頓堀川是「水都大阪」的經典場景之一

塗上美乃滋、海苔與柴魚片的「章魚燒」

「蟹道樂」本店的紅通通大螃蟹是另一個立體招牌經典

橢圓形摩天輪「惠比壽塔」，重新開放乘坐了

金龍拉麵的霸氣招牌，道頓堀周邊有好幾家分店

肚子鼓鼓的河豚招牌，人們常有大阪人愛吃河豚的刻板印象

大阪美食推薦

品嘗當地美食是旅行中的一種療癒，透過食物來一窺城市風貌，總是讓人既期待又怕受傷害。這次介紹的店家位置，都在大阪自由行行程中不會錯過的區域裡，也是我在大阪經常造訪的店家。連續 3 年獲得米其林指南推薦的章魚燒、深受大阪府民愛戴的 551 蓬萊肉包、蟹道樂物超所值的午間套餐、絕不失望的和牛燒肉、總是有排隊人潮的大阪燒名店，都想推薦給你們。

❶甲賀流本店的大型招牌上有主打之一的蔥花口味，也頗受客人愛戴／❷甲賀流店鋪，2樓有內用區，大部分人還是在公園吃／❸經典的美乃滋章魚燒，一份10個

章魚燒 たこ焼

大阪アメリカ村 甲賀流本店 (Kougaryu)

屹立45年，連續3年獲得「米其林指南」肯定

心齋橋美國村是聚集了許多日本年輕人的購物區域，心齋橋派出所旁邊的「御津三角公園」，假日時是許多人停留的地點。仔細一看會發現多數人都在公園吃章魚燒配啤酒，或是開始流行的「台灣珍珠奶茶」，因為旁邊是赫赫有名的「甲賀流本店」。

道頓堀與美國村的章魚燒店很多，「甲賀流」的美乃滋不膩口、不過酸，加在章魚燒上不搶風頭，反而很加分；章魚真的很新鮮，香味足，據說是使用生魚片等級的章魚；麵糊烤過有焦香味，還有明顯高湯味道……每項細節都注重，才有實力開店超過45年，而且連續3年 (2016 ~ 2018) 得到「米其林指南」的青睞。

- 大阪市中央區西心齋橋2-18-4
- 06-6211-0519
- 10:00～20:30，週六與國定假日前一天營業至21:30
- 450日幣起
- 大阪地鐵「心齋橋站」7號出口，步行6分
- 0.5～1小時
- www.kougaryu.jp

肉包
豚まん

551 蓬萊本店 (551 HORAI)

吃肉包沾黃芥末醬，叉燒肉包本店限定

在大阪的各處分店，就可以看到日本人有多喜愛「551蓬萊」，尤其是551的肉包（豚まん），可說是大阪人引以為傲的家鄉味。

創立於1945年的「551蓬萊」，位在戎橋筋商店街的本店人潮絡繹不絕，叉燒肉包（チャーシューまん）是本店限定商品，而且限量供應。有次晚上18:00去排隊，廚房向結帳櫃檯喊著「叉燒肉包剩下最後17個」，可見其人氣之高。單買一個200日幣，麵皮Q甜，叉燒內餡鹹甜好吃，再加上黃芥末醬，就是大阪在地吃法。本店2樓有內用座位，除了肉包，大阪人也很熱愛這家店的中華料理，不過許多料理都有勾芡。個人最愛的內用組合還是煎餃配白飯，怎樣都吃不膩。

基於對食材新鮮度的堅持，展店只限於日本關西地區（大阪、京都、奈良、兵庫、和歌山、滋賀）。客人看得到551蓬萊店裡師傅製作肉包的熟捻過程，也會拿起手機拍照或錄影。附近的大阪高島屋百貨地下1樓美食街、南海難波站3樓剪票口前、心齋橋大丸百貨地下2樓美食街都有外帶專門店。

3

4

5

1

❶551蓬萊本店／❷怎麼樣都吃不膩的551蓬萊煎餃配白飯／❸551蓬萊的冰棒也是熱銷商品，招牌標誌是一隻北極熊／❹551蓬萊本店限定，叉燒肉包／❺叉燒肉包的底部是圓形竹片

- 大阪市中央區難波3-6-3
- 06-6641-0551
- 10:00～22:00，每個月第三個週二公休，12月全月無休
- 外帶200日幣起，內用500日幣起
- 大阪地鐵「御堂筋線」、「千日前線」「難波站」11號出口，步行1分(戎橋筋商店街內)
- 0.5～2小時
- www.551horai.co.jp
- P.83

2

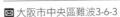

螃蟹
かに

蟹道樂 網元別館（かに道楽 網元別館）

午間會席料理，「蟹」全餐享受VIP待遇

1960年開業的「蟹道樂」宛如大阪美食的其中一項代名詞，道頓堀與心齋橋有好幾家分店。其中「網元」是「蟹道樂」主打日式包廂座位的分店，「網元本館」與「網元別館」兩家店步行相距2分鐘內。

一進店內會看到水槽裡的活蟹，搭電梯到樓上，室內庭園造景與日式包廂座位，讓人感到平靜舒適，午餐供應到16:00為止，「會席料理」價位從4,000～6,000日幣不等。想要更豪華的享受，還有季節限定「特別會席」可選擇，午餐一人8,000日幣以內。從生食、焗烤、天婦羅、壽司、火鍋、中華料理作法，新鮮的蟹腳全餐讓人吃得好過癮！最貼心的是用餐結束後，店員會送上附著檸檬片的擦手巾，讓顧客的手指完全不會殘留海鮮味。飽餐一頓後，坐在包廂內吃甜點稍作休息，再到1樓櫃檯結帳即可。

1

2

4

5

3

❶肥美蟹腳淋上中華料理風味的酸甜醬汁，真好吃／❷新鮮的蟹腳生食，超鮮甜／❸網元別館在西心齋橋巷子／❹網元別館包廂座位真的很舒適／❺1樓放置了好幾個水槽養活蟹

- 地址：大阪市中央區西心齋橋2-9-16
- 電話：06-6213-0055
- 時間：11:30～23:00，1/1公休，2月營業時間為12:00～23:00
- 價格：4,000日幣起
- 交通：大阪地鐵「御堂筋線」「難波站」25號出口，步行5分
- 停留時間：2～2.5小時
- http：douraku.co.jp，點選店鋪一覽，「網元別館」

燒肉 やきにく

板前燒肉 一光

難波 BIC CAMERA 必吃，和牛肉厚又新鮮

難波 BIC CAMERA 附近巷子裡的「板前燒肉 一光」，已經去過無數次，只要來大阪的朋友想吃燒肉，我一定會推薦，每次看到朋友滿意的表情，就是最棒的一餐。

推薦點牛的胃（特上ミノ），上桌前已經先用味噌調味，偏甜的味噌與口感有點像花枝的胃袋，一定要試試看。最受好評的是入口即化、牛肉油脂與香氣逼人的「特上ロース」；若不愛吃太肥的部位，可以點橫隔膜肉（上ハラミ），餐後來一碗膠原蛋白滿滿的牛尾湯，非常滿足！

- 大阪市中央區千日前2-6-8
- 06-6649-2989
- 週一～六15:00～24:00、週日11:30～24:00
- 每人3,500日幣起
- 大阪地鐵站或近鐵「日本橋站」5號出口，步行3分
- 1.5～2小時
- miyabisyousan.jp/ikkou
- P.83

❶板前燒肉一光店前擺的各種和牛／❷瘦肉偏多的橫隔膜部位與油花肥美的特上ロース／❸特別的牛胃，非常推薦嘗試

1

2

4

5

6

大阪燒 お好み焼き

福太郎 本店

米其林指南推薦，蔥大阪燒人氣超高

與「板前燒肉 一光」步行相距1分鐘，總是有排隊人潮。記得先到店內候位簿登記，再出店外等待，店家會在店裡大聲吶喊客人的名字，直到客人隔牆聽見，現場的互動很逗趣。

店內中間的鐵板區統一煎製大阪燒，再到一旁用大型鏟子送到客人面前。最受客人喜愛的是內餡加滿青蔥的大阪燒（ねぎ焼き），就連不特別愛吃蔥的我，都覺得口味清甜，沒有青蔥的嗆味。另一個人氣很高的是豬肉加蔥大阪燒（豚ねぎ焼き），使用鹿兒島最高級的豬肉片再加上青蔥，連日本人也讚不絕口。

- 大阪市中央區千日前2-3-17
- 06-6634-2951
- 週一～五17:00～24:00，週六、日、國定假日12:00～24:00
- 每人1,000日幣起
- 大阪地鐵站或近鐵「日本橋站」5號出口，步行4分
- 1～1.5小時
- 2951.jp
- P.83

❹福太郎本店外觀／❺福太郎菜單的封面／❻看起來普通，但吃起來清甜的蔥大阪燒

大阪街頭 遇見**安藤忠雄**

大阪出身的世界級建築大師安藤忠雄先生，說到他的作品，對建築有興趣的旅人想必如數家珍；大阪、奈良、神戶、瀨戶內海周圍島嶼，都有安藤忠雄建築研究所的作品，有些需預約、禁止拍照，甚至舟車勞頓才能抵達。

這次介紹的建築地點幾乎都在市區，造訪這些建築會發現，它們都融入人們的生活，不是個突兀或只著重展現建築家個人色彩的建物而已。看似樸素的清水模，在安藤忠雄先生的建築設計裡，總能感受到一份體貼人與自然環境的心意，而建築本身的美感，更經得起時代考驗。

- 大阪市北區大深町4-1
- 06-6372-6300
- 廣場全日開放，B1餐廳、咖啡店營業時間10:00～22:00
- 廣場免費使用，B1餐廳、咖啡店500日幣起
- JR「大阪站」中央北口，步行1分
- 1～1.5小時
- www.gfo-ad.jp
- MAP P.63

❶夕陽下的梅北廣場與梅田藍天大廈／❷梅北廣場的一角，清水模與楓樹，冬末春初樹葉掉光的寂寥／❸建築體的弧線與清水模，是安藤忠雄先生建築的常用元素／❹梅北廣場時常有適合親子共遊的活動／❺陽光下的階梯瀑布

梅北廣場 うめきた広場

大阪車站前廣場與親水設施，把光線、風與水帶到地下室

大阪車站中央北口與GRAND FRONT OSAKA南館前方的大型廣場「梅北廣場」，經常舉辦適合親子同遊活動。夏天時，親水設施最受歡迎，玩水的小孩與席地而坐的大人在這裡享受清涼。

特別受到矚目的是有一半圓形階梯瀑布，陽光在水流反射中更顯閃閃發光，光線、風與水聲引至地下1樓，使得「DEAN & DELUCA」店外多了特色，完全不像設置在地下室。從瀑布旁的階梯可以看到圓弧形天花板與清水模的牆面，馬上就能找到安藤忠雄先生建築的元素。

從梅北廣場望去對面的梅田藍天大廈，可清楚看到藍天大廈在晴天、雨天、夕陽下玻璃外牆的變化。時常有遊客在此停下腳步拍照，清水模的設計，讓總是人來人往的梅田有種安靜下來的力量。

- 24小時
- $ 免費
- ➜ JR大阪環狀線「櫻之宮站」西出口，步行15分；或地鐵「南森町站」3號出口，步行15分
- 0.5～1小時
- http www.kkr.mlit.go.jp/osaka
- MAP P.63

❶安藤忠雄先生設計「新櫻宮橋」，細柱支撐著橋梁／❷櫻花季節從橋上看去的大川與毛馬櫻之宮公園／❸從遠到近，兩座新舊櫻宮橋的柱子均巧妙錯開，呈現穿透感

2

1

3

新櫻宮橋（新銀橋）

Sakuramiya Bridge GINBASHI

安藤忠雄少數的橋梁作品，連接大阪賞櫻名所

1930年（昭和5年）完工的「銀橋」，取名自橋體的銀色塗料，不過大阪人熟悉的名稱是「櫻宮橋」。原本的橋全長188.85公尺，其中拱橋占104公尺，是二戰前日本最大的拱橋建築，由「關西建築之父」之稱的武田五一先生設計。2006年為了解決車流量與交通堵塞問題，拓寬增建，「新櫻宮橋」則是由建築大師安藤忠雄先生設計。

從「毛馬櫻之宮公園」往這兩座橋方向走，會發現新舊櫻宮橋的穿透感，兩者互不阻擋。走近一看，新櫻宮橋支撐橋體的細柱與間隔，便是讓這兩座橋梁的鋼骨結構，能一次被看清楚的關鍵。這些細柱全是在橋體上現場焊接，不使用螺絲，此施工技法是日本首例。橋面上行人與腳踏車專用道寬闊，可以慢慢觀察兩座橋梁的細節與差異，從橋上還能看到大阪城天守閣。

大阪市北區中之島1丁目1-1
06-6945-4560
地鐵站出口全日可觀賞，地鐵站開放時間配合電車營運時刻表
免費參觀
京阪電鐵中之島線「なにわ橋站」(難波橋站) 1號出口
0.5～1小時
www.nrr.co.jp，點選「駅と施設」，點選「なにわ橋駅」
MAP P.41

1 2「難波橋站」車站出口牆面與外觀／3「難波橋站」地下的階梯扶手是波浪狀，「穿梭」水面／4「難波橋站」上下樓欣賞「大阪市中央公會堂」的視角／5「難波橋站」1號出口的玻璃窗，後方綠意與天空構成一幅畫

京阪電鐵 難波橋站

京阪電鉄なにわ橋駅

與「大阪市中央公會堂」對望，歷史與現代建築相映成趣

在京阪電鐵「中之島線」「難波橋站」（なにわ橋駅），有4個半弧形、深灰清水模外壁的出入口，彷彿中之島河岸上的「島」。4個出口中，可最近距離欣賞「大阪市中央公會堂」的是1號出口。

設計意象是把地鐵站出口想成是一座浮出水面的島，隨著電扶梯而上，抑或走階梯到地下層，彷彿穿梭水面。車站內的牆壁是內藏LED燈的霧面玻璃磚牆，夜間時燈光色彩迷幻；白天從車站出口望去「大阪市中央公會堂」方向，是另一個拍照取景的有趣角度。

當初為了配合「中之島」歷史建築，特別請安藤忠雄建築研究所設計地鐵站出入口。現代簡潔且樸實的地鐵站外觀，穩重地矗立在此；加上考量了周圍歷史建築的存在，不搶走任何風采的作法，更是經典。

大阪文化館・天保山

Osaka Culturarium At Tempozan

大阪海遊館旁的藝文空間，面對著大阪港與夕陽相映

「大阪文化館・天保山」的前身是「三得利博物館」(Suntory Museum)，完工於1994年。改名後由大阪巨蛋(Kyocera Dome, Osaka)經營管理。現在館內仍會舉辦展覽，目前為止的展覽主題以動漫或現代藝術創作為主，使用頻率不高，想要一探內部建築，需要配合展期。

與隔壁的「大阪海遊館」相較之下，前來這裡參觀的人潮很少，只有整修外牆的工人與欠缺維護的寂寥感。建築物部分設計，與安藤忠雄先生另一個建築作品「大阪府立狹山池博物館」相似。

「大阪文化館・天保山」面對著大阪港，而大阪港面西，最有看頭的就是等待夕陽西下的時刻。隨著夕陽顏色的變化，映照在「大阪文化館・天保山」建築上方的大面玻璃窗上，黃昏時刻會看到幾位專程來捕捉夕陽美景與建築物相映的攝影師。至於能看到多美麗的夕陽，只能看天公作美與否。安藤忠雄先生的建築總是考量建築物的坐落地點，與周遭自然景觀結合，讓當地原本美好的風景再加乘。

- 大阪市港區海岸通1-5-10
- 06-6586-3911
- 有展覽活動才會開放
- 親水廣場免費參觀，館內依展覽票價各異
- 大阪地鐵「中央線」「大阪港站」1或2號出口，步行5分
- 0.5～1.5小時
- www.osaka-c-t.jp

1「大阪文化館・天保山」與「大阪海遊館」的建築風格、用色對比／2 3「大阪文化館・天保山」面向「大阪港」的親水廣場可看夕陽／4「大阪文化館・天保山」建築一角

住吉的長屋

住吉の長屋 東邸

安藤忠雄建築的原點，揚名世界的契機

「住吉的長屋」是安藤忠雄先生設計的建築中，知名度很高的作品。由於是私人住宅，憑著大略的位置情報，在住吉大社一旁住宅區繞，找到它時有種看到偶像本人的感覺。為了不打擾小巷周圍的居民，迅速拍幾張建築外觀照片後，沒有逗留就離開。

這是安藤忠雄建築研究所最早期的作品，建築研究所成立後的10年間，委託主多因建築占地狹小或經費有限而找上門，此件就是其中之一。1976年完工至今經過40多年歲月，現在仍覺得它是一座現代摩登的建築物，更能深刻感受清水模外牆的耐看與耐久。看過「住吉的長屋」報導或是安藤忠雄建築書籍的話，會知道無法參觀的室內有中庭，將採光引入室內，不因為狹小面積（20坪）與「長屋」的陰暗，剝奪居住者擁有光線的權利。

提到這棟建築時，會與安藤忠雄先生的老家「中宮町的住宅」（中宮町の住宅）一併探討，因為「中宮町的住宅」，就是典型夏熱冬冷又陰暗的2層樓長屋建築。直到老家2樓改建時，在屋頂開了一扇窗，光線帶來的明亮與溫度，對安藤忠雄的建築設計有莫大影響。

- 大阪市住吉區私人住宅，不公開
- 私人住宅，不公開
- 私人住宅，只能參觀外觀
- 阪堺電車「住吉鳥居前站」下車，步行約6分，「住吉大社」旁邊的住宅區內
- 0.5小時

❶「住吉的長屋」大門入口，歷經40餘年依然耐看有型／❷屋前停了一台屋主的腳踏車，世界級建築就在平凡日常／❸「住吉的長屋」位於安靜的住宅區

1

3

2

- ✉ 大阪府堺市堺區市之町東1丁1-10
- ☎ 072-222-9322
- ⏲ 09:00～15:00，1/1～1/3、5/3～5/5、12/31公休
- ➡ 阪堺電車「大小路站」下車，步行30秒
- ⌛ 0.5小時
- http www.kiyobank.co.jp
- MAP P.115

1 阪堺電車「大小路站」與「紀陽銀行 堺支店」／2 近距離抬頭仰望「紀陽銀行 堺支店」／3「紀陽銀行 堺支店」側面

紀陽銀行 堺支店

The Kiyo Bank, Sakai Branch

阪堺電車路線旁的清水模建築，外觀風情格外迷人

總行在和歌山市的「紀陽銀行」，是超過百年歷史的老銀行，安藤忠雄建築研究所為其設計的堺市分行，完工於1994年。搭乘阪堺電車，遠遠就能看到窗外這棟高於周遭建築的清水模大樓，在「大小路站」的大十字路口，可從各種角度觀看這棟銀行建築。

百年銀行可接受現代嶄新的設計，為銀行的形象加分，也吸引建築迷前來鑑賞。銀行的高樓層有一處大型開口（風穴），視覺穿透感與彷彿飄浮半空中的樹木，非但沒有高樓的壓迫感，反而讓人覺得有股清涼。一面清水模牆傾斜設計，帶來光影變化。低樓層使用圓筒柱體，整棟建築的元素不死板，路過很難不留意。

擅自走進銀行會被警衛攔下來，建議單純觀賞建築外觀即可，已經很有看頭。銀行後方巷中有老店，是具有復古風情的商店街。欣賞完這棟建築後，可實地走訪，感受當地人生活步調。

4日市區行程規畫

DAY 1 總之，先逛街吧！

免搭地鐵半日行程

13:00 抵達大阪市區「南海難波站」或地鐵、近鐵、JR「難波站」，先到飯店或民宿放行李。

14:00 南崛江「Orange Street」逛潮牌、家具廚具、咖啡店下午茶。

16:00 心齋橋美國村「アメ村」逛街，吃「甲賀流」章魚燒，找新潮樂趣。

17:30 「大丸百貨心齋橋店」、「御堂筋名品街」逛街。

19:00 道頓堀法善寺橫丁「喝鈍」豬排。

20:00 晚餐後漫步「法善寺橫丁」、「法善寺」參拜不動明王，與「道頓堀橋」旁的經典誇張招牌合照。

21:00 回飯店、民宿。

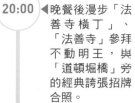

DAY 2

一日文青巡禮

探訪大阪的歷史與建築

09:00 大阪地鐵「堺筋線」「北濱站」步行到「Brooklyn Roasting Company」吃早餐，在露台座位欣賞對岸「中之島」歷史建築。

10:00 「北濱」、「中之島」歷史建築散步，參觀美術館。

12:00 「大阪市中央公會堂」地下1樓「Social Eat AWAKE Nakanoshima」餐廳午餐。

14:00 「北濱站」前往大阪地鐵「中央線」「森之宮站」(車程10分鐘內)，步行至「大阪城公園」與「大阪城天守閣」。

16:30 搭乘JR「大阪環狀線」從「森之宮站」到JR「大阪站」(車程11分鐘)，到梅田商場「LUCUA」、「LUCUA 1100」、「梅田阪急百貨」、「Grand Front Osaka」逛街。

19:00 「新梅田食道街」晚餐。

20:30 「梅田藍天大廈」欣賞大阪市夜景。

22:00 回飯店、民宿。

DAY 3

觀光客必去

走訪大阪市經典與最新地標

09:00 大阪南船場「Saturdays NYC Osaka」吃早餐。

10:00 大阪地鐵「御堂筋線」「心齋橋站」到「天王寺站」(車程9分鐘)，漫步「天王寺公園」，開始天王寺商圈逛街，「近鐵百貨」、「天王寺MIO」、「Hoop」、「Q's MALL」。

12:00 天王寺商圈午餐。

DAY 4 移動日

先搞定行李寄存，再把握時間逛街

10:00 寄存行李

小提示：可到南海難波站、大丸百貨心齋橋南館2樓、JR大阪站1樓寄存行李；各大車站也備有大型與超大型置物櫃可利用，但只能使用零錢投幣。

10:30 「大阪高島屋」購物。

12:00 「大阪高島屋」地下1樓美食街午餐或「SkyO」午餐。

13:00 「帕克斯花園」購物。

15:00 拿回行李，出發前往「關西機場」或日本其他城市。

13:30 日本最高大樓「阿倍野HARUKAS」鳥瞰大阪城市風景。

15:00 沿著天王寺商店街步行15分鐘或搭大阪地鐵「谷町線」一站到「四天王寺前夕陽丘站」，「四天王寺」參拜。

16:30 大阪地鐵「谷町線」「四天王寺前夕陽丘站」轉乘到「恵美須町站」(車程約15分鐘)，或散步20分鐘內到「通天閣」，探訪大阪特色的巨型招牌「新世界」、昭和風情街道散步拍照。

17:00 到「串炸」(串カツ)店最多的「新世界」吃串炸。

18:30 大阪地鐵「堺筋線」「恵美須町站」到「長堀橋站」(車程3分鐘)，「心齋橋商店街」逛街。

21:00 回飯店、民宿。

分區玩大阪

科技即便已經是旅行中方向感的最佳輔助工具，如果可以事先對一個不熟悉的城市有大略的了解，抵達「現場」之後，可省去迷路或搭錯車的可能；或者眼睛就不需經常盯著手機找路，有多餘的注意力去感官周圍的人事物與新鮮感。

這個章節將分區介紹大阪市區的觀光景點，以及逛街購物較為密集的地方，一天只安排走訪單一區域也足以。挑選書中幾個你感興趣的區域，探索你的城市風景吧！

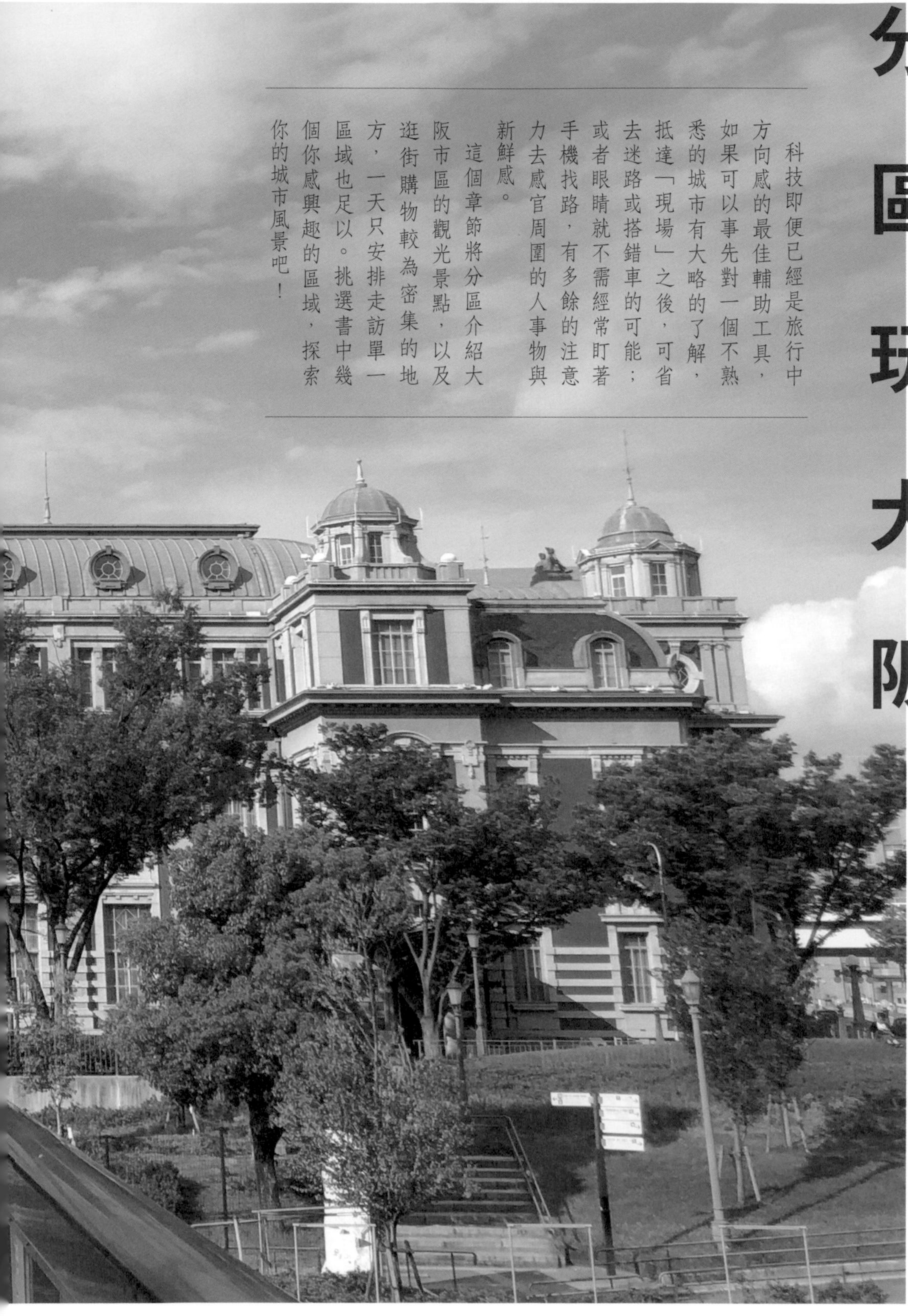

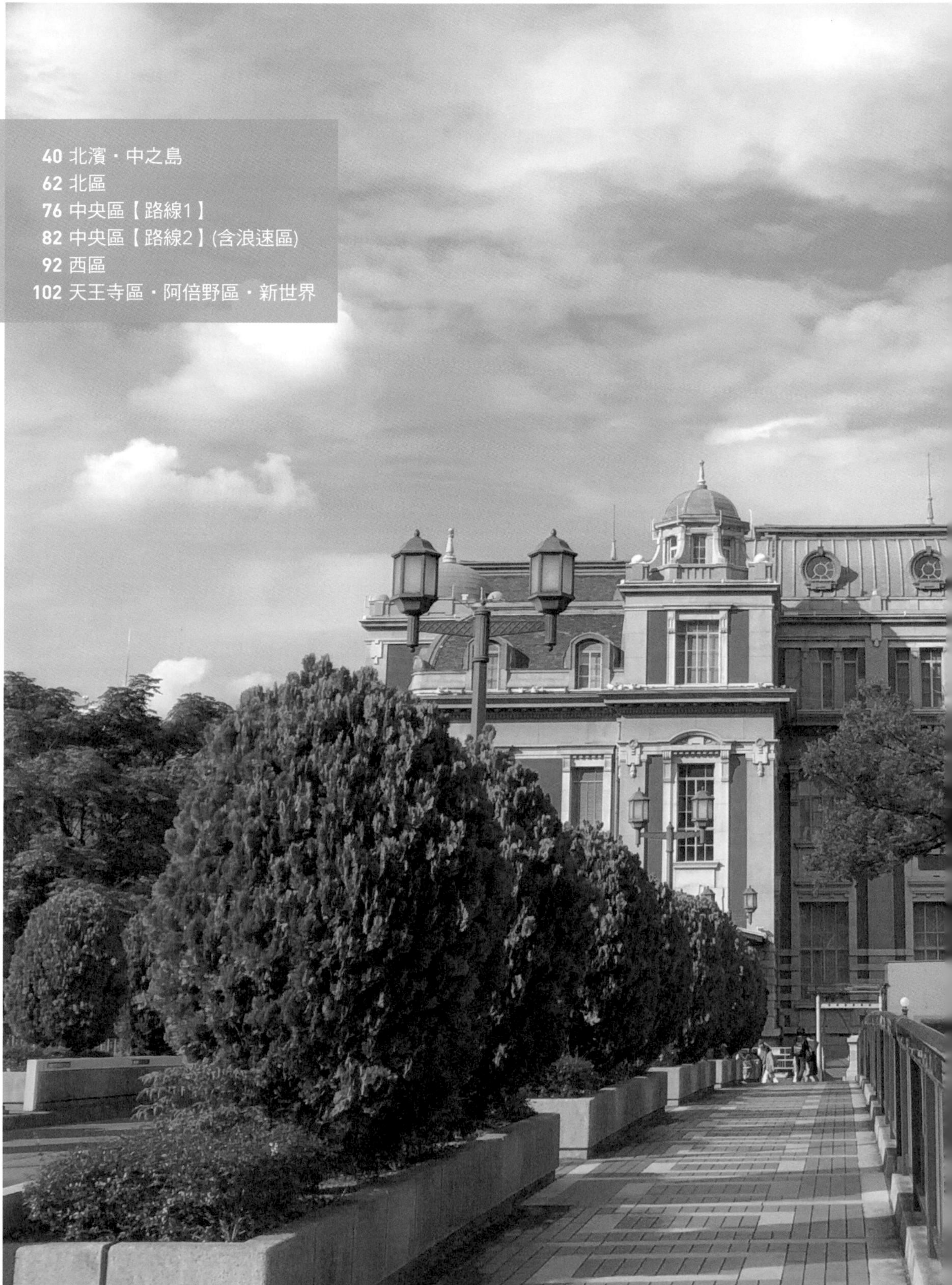

1 北濱・中之島

大阪的中心，「水都大阪」最佳寫照

建築、咖啡店、美術館散策

大阪市「北濱」與「中之島」的歷史建築林立，見證了大阪商業發展歷程。不需花費太多力氣尋找，就在大馬路旁，或與現代辦公大樓比鄰而居；有時間再深入探訪北濱巷弄的話，一路延伸到「淀屋橋」與「本町」，都能遇見經得起時代考驗的老建築，這些都是讓大阪街景增加藝術性與美感的功臣。

在繁忙城市中生活，現實生活的壓力不容小覷，幾家自己喜歡窩著的咖啡店，美好事物俯拾即是，不需要舟車勞頓就能抵達，這區的氛圍對於我是如此的存在。

北濱的風格咖啡店，ELMERS GREEN Cafe Kitahama (上圖)、Brooklyn Roasting Company Kitahama (下圖)

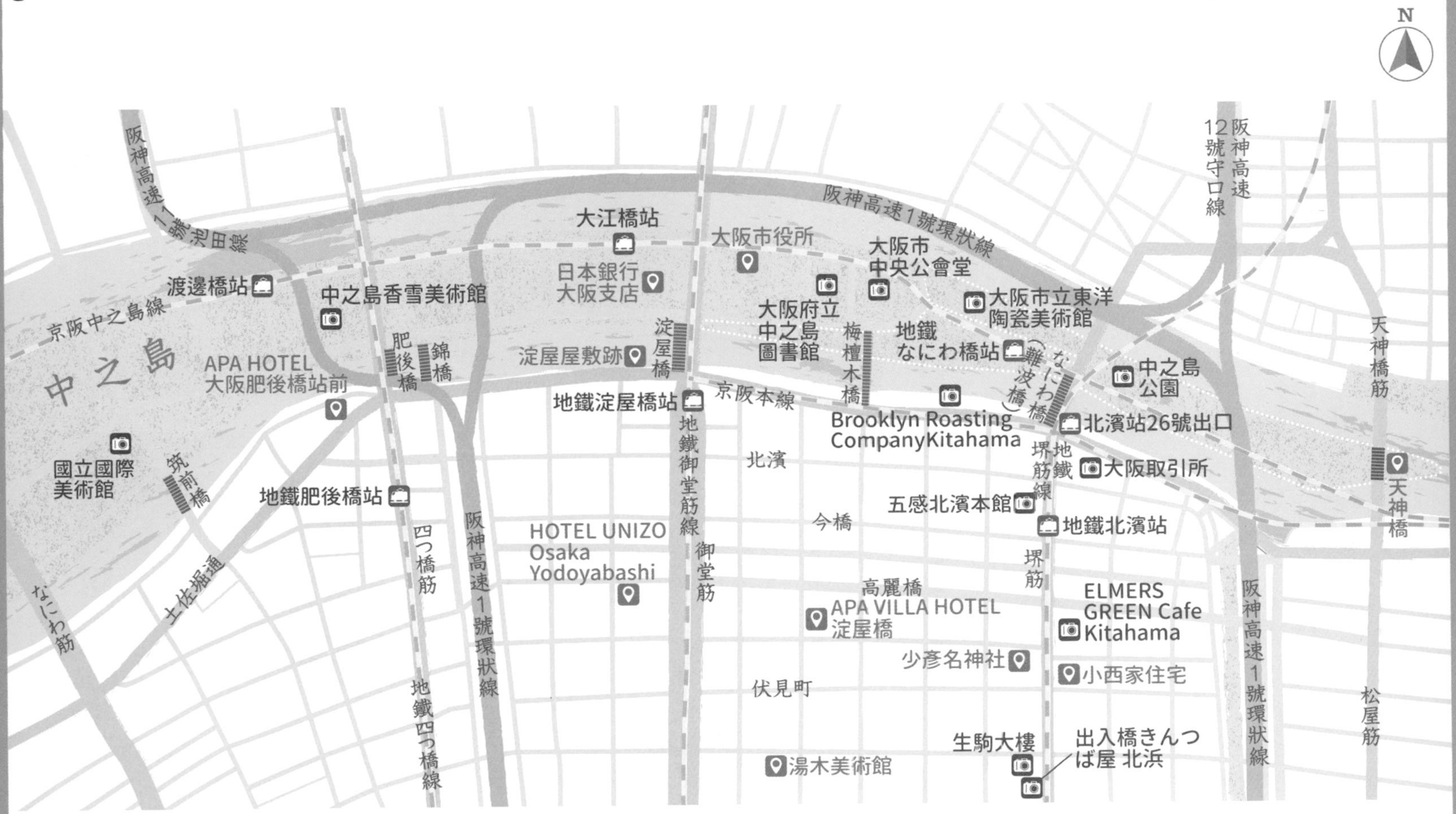
N
阪神高速12號守口線
阪神高速1號環狀線
大江橋站
大阪市役所
大阪市中央公會堂
大阪市立東洋陶瓷美術館
日本銀行大阪支店
大阪府立中之島圖書館
地鐵なにわ橋站
なにわ橋（難波橋）
中之島公園
天神橋筋
天神橋
渡邊橋站
中之島香雪美術館
京阪中之島線
阪神高速11號池田線
中之島
APA HOTEL 大阪肥後橋站前
肥後橋
錦橋
淀屋橋
梅檀木橋
淀屋屋敷跡
地鐵淀屋橋站
京阪本線
Brooklyn Roasting CompanyKitahama
北濱站26號出口
地鐵堺筋線
大阪取引所
國立國際美術館
筑前橋
地鐵肥後橋站
北濱
五感北濱本館
地鐵北濱站
今橋
HOTEL UNIZO Osaka Yodoyabashi
四つ橋筋
阪神高速1號環狀線
地鐵御堂筋線
御堂筋
堺筋
高麗橋
APA VILLA HOTEL 淀屋橋
ELMERS GREEN Cafe Kitahama
少彥名神社
小西家住宅
土佐堀通
なにわ筋
伏見町
地鐵四つ橋線
松屋筋
生駒大樓
出入橋きんつば屋 北浜
湯木美術館

大阪取引所

OSAKA Exchange, Inc.

走訪大阪證券交易的歷史地標

歷史就在你身旁

從「北濱站」26號出口走到地面層後，馬上就會看到吸睛的歷史建築難波橋（なにわ橋）前的獅子雕像。左手邊有棟亞白色的圓弧形建築，它就是「大阪取引所」。由於北濱是大阪商業發展重鎮，這區最多的就是銀行、證券公司。此外，還有不少設計公司也選擇落腳在此，近幾年水岸邊多了一排特色咖啡店，為城市風景增色不少。

從米市交易到證券交易

1

4

3

2

❶❹大阪取引所建築外觀／❷❸淀屋紀念碑，江戶時代蔵屋敷搬運米俵的工作圖／❺❻大阪取引所1樓大廳精緻的彩繪玻璃窗／❼奠定米市交易的重要豪商「淀屋」建造的橋梁「淀屋橋」，對岸是「日本銀行大阪支店」

大阪證券交易所看建築

完工於1935年，走進1樓大廳感受到的是沉著氛圍，與行色匆匆、來洽公的上班族有些對比。精緻雕工的長形窗架與彩繪玻璃、復古厚實的老電梯、挑高開闊的天花板掛著華麗水晶吊燈，空間的中心擺放了座位，提供民眾在此觀看牆面上數字不停跳動的股市交易實況。在此稍作停留，感受現代與歷史融合的空間。大廳旁有咖啡店，手扶梯到地下1樓則有幾間餐廳，也有與大阪地鐵直結的出入口。

「取引」的起源

日文「取引」的語意是「交易」。江戶時代從日本全國各地集結至大阪的「年貢米」（江戶時代諸藩領主向農民徵收的租稅是稻米）轉賣給商人，水岸邊設置「蔵屋敷」（倉庫兼住宅）存放米與特產品。隨著交易量日漸增大，其中最有力的商人「淀屋」集結其他同行，發展成「淀屋米市」，被稱為日本期貨交易的起源。爾後於1876年五代友厚先生促成證券交易所條例的施行，發起設立「大阪株式取引所」，也就是現在的「大阪取引所」。

最有力的商人「淀屋」興建的橋梁「淀屋橋」，就在大阪取引所步行不到10分鐘的距離。當時為了往返米市工作的員工而建造，橋附近還可看到「蔵屋敷」的紀念碑，碑上雕刻了工人繁忙的身影，可見當時這一帶的繁榮。

- 大阪市中央區北濱1丁目8番16號
- 06-4706-0800
- 週一～五09:00～16:30，六、日、國定假日、12/31～1/3公休
- 平日免費參觀
- 大阪地鐵「堺筋線」「北濱站」26號出口，出站左手邊
- 0.5～1小時
- www.jpx.co.jp
- P.41

五感
北濱本館

GOKAN Patisserie de SAMOURAI

大正時期建築的人氣洋菓子店

關於新井大樓

完工於大正11年(1922年)的新井大樓(新井ビル)，是建築家河合浩蔵先生的作品。這棟樓經歷過新井證券株式會社、報德銀行、日本產業貯蓄銀行大阪支店時代，在大阪金融中心「北濱」的歷史中具有重要意義，並且被登錄為「有形文化財」。2005年開始，大阪的人氣洋菓子店「五感」進駐1樓與2樓，活化百年建築，客人能在優雅氛圍中品嘗精緻甜點。

「日本登錄有形文化財」
新井大樓的午茶時光

3

2

人氣洋菓子店「五感」北濱本店

使用日本在地農產品，製作打動人心的洋菓子，是「五感」的經營理念。選擇在北濱開設總店，是考量北濱在大阪商業發展的歷史背景，米與砂糖經由水、陸運至大阪，這是製作洋菓子不可或缺的原料。特別的是，五感將日本人的主食「米」加入洋菓子中，米製純生瑞士捲「お米の純生ルーロ」使用新瀉縣限定農家的「越光米」製作，內餡還有季節果實限定款，甜度控制得宜，人氣頗高。

1樓是外帶販售區，根據24節氣與傳統節日更換店內布置與甜點。2樓是內用沙龍區，沉靜優雅的氛圍，播放著古典樂，下午茶甜點會由服務生將各式各樣的甜點端至桌邊，任客人挑選，每樣都可口得令人難以抉擇。

5

6

4

❶❷❸新井大樓外觀，古典對稱的建築樣式／❹❺1樓是外帶販售區，店內擺設會依照季節而改變氛圍／❻招牌的米製瑞士捲／❼2樓內用沙龍區享用午茶，甜點種類多到讓人有選擇困難症／❽❾一壺好茶搭配酸甜口感甜點，度過午後時光

7

8

9

- 大阪市中央區今橋2丁目1-1
- 06-4706-5160
- 週一～六09:30～20:00，週日與國定假日09:30～19:00，10月公休一天(請確認官網公告)，1/1～1/3公休
- 1,000日幣起
- 京阪電車或地鐵「北濱站」26號出口，步行3分
- 1.5～2小時
- 新井大樓：arai-bldg.com
  五感洋菓子店：www.patisserie-gokan.co.jp
- MAP P.41

北濱•經典

生駒大樓

IKOMA Building

頂樓大時鐘仍運行的昭和建築

位在生駒大樓（生駒ビル）的鐘錶行「生駒時計店」創立於1870年，1930年（昭和5年）生駒大樓完工後遷移至現址。二戰期間的大阪空襲（昭和20年）將附近夷為平地，所幸使用水泥牆建造並且裝有防火窗，才讓這棟建築保存下來。建造當時是相當摩登的外觀，有20世紀初當紅的「Art Deco」建築風格，經歷歲月至今仍相當耐看。建築頂樓的時鐘塔「時計塔」的時鐘造型是一大特色，現在使用的時鐘歷經更換，已經是第三代了。

建築總共5層樓高，鐘錶行的營業範圍是1樓部分區域，2～5樓是私人辦公室。生駒大樓旁十字路口的對角，是欣賞建築全貌的好角度。建議走近一看，欣賞外牆的雕刻與窗台優美的弧線；旁邊有一間大阪人都熟悉的傳統點心店「出入橋きんつば屋」，更值得推薦。

近看生駒大樓細節

- 大阪市中央區平野町2-2-12
- 06-6231-0751
- 10:00～17:00
- 營業時間內，大樓內指定地區開放付費攝影
- 地鐵「北濱站」6號出口，步行4分
- 0.5小時
- www.ikoma.ne.jp
- P.41

北濱•經典

出入橋きんつば屋　北浜

不甜膩的紅豆點心

1930年創立的傳統點心店「出入橋きんつば屋」，本店在大阪地鐵「西梅田站」附近。北濱店就位於百年昭和歷史建物「生駒大樓」旁邊。店裡設置內用區，最多可容納6～8人，最低消費是3個紅豆點心「きんつば」，還貼心附上一杯茶，只要300日幣。

「きんつば」的漢字是「金鍔」，據說因為點心的外型與刀鍔相似，才如此命名。方正的外型裡是紅豆餡，吃得到鬆綿的紅豆顆粒。外層是超薄小麥粉麵衣，可觀看店員在鐵板上用刀鏟將一團團紅豆餡穿上麵衣。糖度低，連吃3個都不膩口。外帶使用的黃色紙盒上有毛筆寫的店名，復古好看。

內用區

有名的紅豆點心「きんつば」

- 大阪市中央區平野町2-2-13
- 06-6227-1177
- 週一～五10:00～18:00，週六10:00～16:00，週日與國定假日公休
- 300日幣起
- 地鐵「北濱站」6號出口，步行4分
- 1小時
- P.41

北濱・日常

ELMERS GREEN Cafe Kitahama

エルマーズグリーンカフェ 北浜

車水馬龍大馬路旁的清新存在

關於ELMERS GREEN

創立於2009年大阪北濱，現在咖啡店版圖已拓展到難波與堺市。特別介紹北濱本店的主要原因是：地點好找、咖啡店挑高的天花板、超大面落地窗、店裡最顯著的大木桌總有季節花朵點綴、吧台旁烤好的司康香味……明亮的空間與各種食物的幸福香味，總能帶來好心情。坐落於商業區中，不論平日、假日都很有人氣。桌距不擁擠，與旁人相鄰而坐也不會感覺困擾。從北濱本店步行各約6分鐘，就是兩家風格各異的店：以販售生活器物與舉辦職人展覽為主的文青感店鋪「KOHORO淀屋橋」，與土佐堀川旁河岸咖啡店「EMBANKMENT Coffee 北濱」。推薦喜歡探訪咖啡店的旅人，到此進行一系列的咖啡店探訪之旅。

北濱本店菜單推薦

午餐時段點餐率高的肉醬咖哩（キーマカレー），香、甜、辣的肉醬上灑滿細蔥，配上熱呼呼的米飯，每回造訪幾乎必點。此外，自製的司康或磅蛋糕不會太甜，配上一杯咖啡著實享受。喜歡三明治的話，生菜新鮮，麵包又香又有嚼勁。如果意猶未盡，店裡還有ELMERS GREEN自有品牌的咖啡豆、果醬、鋁箔包咖啡可買回家享用。

- 大阪市中央區高麗橋1-7-3 北濱Plaza 1F
- 06-6223-5560
- 週一～六10:00～20:00，週日與國定假日10:00～18:00
- 500日幣起
- 京阪電車或大阪地鐵「北濱站」4號出口，步行1分
- 1～1.5小時
- elmersgreen.com
- MAP P.41

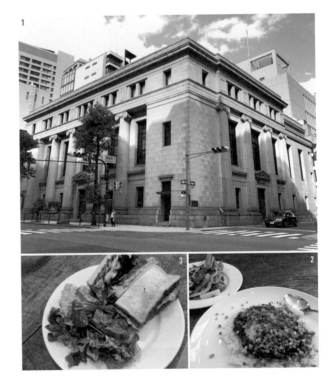

❶隔壁是1914年建造的石造西洋式建築「三井住友銀行 大阪中央支店」／❷肉醬咖哩，鹹甜醬汁好下飯／❸三明治，吃得出新鮮／❹最喜歡坐在ELMERS GREEN Cafe北濱店內的大長桌邊，陽光灑進屋內真美

北濱・日常

Brooklyn Roasting Company Kitahama

別錯過水岸邊的view

咖啡店與對岸歷史建築是美好風景

2010年創立於紐約布魯克林的咖啡店品牌Brooklyn Roasting Company，目前在日本有4間分店，東京晴海、大阪難波、大阪北濱、南大阪岸和田店。特別要介紹北濱店，是因為緊鄰著土佐堀川，可欣賞對岸「中之島」的歷史建築，尤其靠近「大阪市中央公會堂」；坐在店裡時，還能向水上巴士的遊客們揮手打招呼，體驗「水都大阪」風情。

其實這間店的兩旁，沿著水

2

1

3

❶❸不論晴天或陰雨天，望去對岸的「大阪市中央公會堂」都是美麗畫面／❷Brooklyn Roasting Company北濱外觀／❹Brooklyn Roasting Company北濱的室內空間／❺咖啡豆外包裝，活潑多彩／❻店中店的美麗花店bois de gui，忙碌的花藝師

岸有一整排各具風格的咖啡店，經常在社群媒體造成話題。如果不愛花俏新潮，只想好好喝杯咖啡，放鬆看風景，首選就是這家了！

咖啡豆選擇多樣

店裡主打咖啡，咖啡豆的選擇多樣。販售的咖啡豆、濾掛式咖啡的包裝色調活潑，買來送禮自用兩相宜。Brooklyn Roasting Company的咖啡豆，不僅供自家使用，大阪與日本其他城市，甚至美國加州都有咖啡店使用他們烘焙的咖啡豆，可見其咖啡豆的品質也獲同業認同。

甜點與三明治

由大阪的麵包店每日現做直送的甜點與三明治，放在點餐櫃檯旁，選擇不多卻用心製作。北濱店經常推出限定款麵包，喜歡嘗鮮的人不容錯過。自己最喜歡的還是美式咖啡與簡單經典的糖粒甜甜圈，簡單的食物最難，也能知道店家的功力如何。

還有店中店 花店 bois de gui

從店外就能看到這家美麗的花店，為咖啡店增色不少。如果坐在室內長桌的座位，還可以邊喝咖啡邊欣賞花藝師為客人搭配花材，賞心悅目。日本的花店賣花是以朵計價，美麗的鮮花單價不低，喜歡花藝的旅人，不妨買一兩朵鮮花回飯店或民宿，讓季節鮮花也參與你的旅行。

- 大阪市中央區北濱2丁目1-16
- 06-6125-5740
- 週一～五08:00～20:00，週末與國定假日10:00～19:00
- 450日幣起
- 大阪地鐵「北濱站」26號出口，步行3分
- 1～1.5小時
- brooklynroasting.jp
- MAP P.41

大阪市中央公會堂

Osaka City Central Public Hall

中之島的象徵性建築

東京車站也出自於同一位建築師之手

看到「大阪市中央公會堂」磚紅色的外觀、新文藝復興風格(Neo-Renaissance)的建築樣式，是否覺得似曾相識？此建築風格在日本稱為「赤煉瓦建築」，負責興建的是在日本近代建築史有重要地位的大建築家辰野金吾先生。東京車站、日本銀行本店、日本銀行大阪支店、日本銀行京都支店都是其大作，也有「辰野式建築」的別稱。辰野金吾先生的故鄉是佐賀縣唐津市，目前唐津市現存唯一的「辰野式建築」是「舊唐津銀行」，這段歷史在地下1樓的「展示室」有特別介紹。

關於大阪市中央公會堂

完工於1918年（大正7年）10月的「大阪市中央公會堂」，1913年動工興建。途中遇到第一次世界大戰爆發，從歐洲輸入的鋼鐵材料無法如期抵達，工期延宕，經過5年歲月終於正式完工。值得一提的是，第二次世界大戰爆發時，建築內可利用的金屬如電梯、樓梯扶手，甚至正門口拱門上方的神像，全部支援給了戰爭使用。

捐款給大阪市建造這座建築的岩本榮之助先生，是明治～大正時代活躍於股市的名人，因為第一次世界大戰爆發導致股市投資失利，選擇自殺，享年39歲，無法見證完工的樣貌。

部分1樓大廳與地下1樓免費參觀

建築物內只有1樓大廳的一部分與地下1樓可免費參觀。地下1樓的「展示室」詳細介紹大阪市中央公會堂興建的歷

2002年被列為日本國家重要文化財的大阪市中央公會堂

史過程、大阪市的重要歷史建築、文物展示等，乍看之下有些枯燥，建議放慢腳步觀看。即使因為旅遊行程緊湊，來不及安排參加樓上的特別室導覽，光是建築外觀與免費參觀區域就足以讓人駐足忘返。

另外，地下1樓有販售「大阪市中央公會堂」紀念品的商店「公會堂SHOP」，還有一家米其林主廚監製創意料理餐廳「Nakanoshima Social Eat AWAKE」，現代簡約的空間，無論喝下午茶或用餐，氣氛都很棒，還是舉辦婚宴的場所喔！

- 大阪市北區中之島1丁目1番27號
- 06-6208-2002
- 09:30～21:30，每個月第四個週二、年末年始(12/28～1/4)公休
- 1樓大廳前與B1免費參觀，2樓以上需提前預約，付費入內
- 大阪地鐵「堺筋線」「北濱站」26號出口，步行5分
- 1～2.5小時
- osaka-chuokokaido.jp
- MAP P.41

大阪市代表性歷史建築 國家指定重要文化財

需要提前預約付費導覽的「特別室」

「特別室」是大正時代接待貴賓的專用空間，每個梯次的導覽限制最多25人參加。導覽人員說淡季是1～2月，當天直接登記排隊，有機會直接參與導覽。淡季以外，至少需要提前一天電話預約，才不會花時間在現場候補。開放報名參加導覽的日期請查詢官網，一天只開放兩個時段報名，分別為10:00～10:30與11:00～11:30。導覽當天到地下1樓的事務室報到並繳費；只參加團體導覽，每人收費500日幣，若搭配地下1樓餐廳的午餐套餐，每人收費2,000日幣。個人推薦搭配午餐的選擇。

有機會參加導覽的話，別錯過這些美麗工藝，有些傳統工藝已經失傳無法再重現，相當可惜。彩繪玻璃窗最上方有一對鳳凰，鳳凰是把大阪市市徽具象化的作品；窗簾是1999年進行復原工程時，重新製作的，圖案取自奈良「法隆寺」的寶物，國寶「四騎獅子狩文錦」，原物保存在地下1樓展示室櫥窗中；天井繪畫與壁畫描繪日本神話；每扇木門上的花樣並非雕刻，而是使用不同品種的木材鑲製完成，可惜這個「木工象嵌」工法已經失傳。

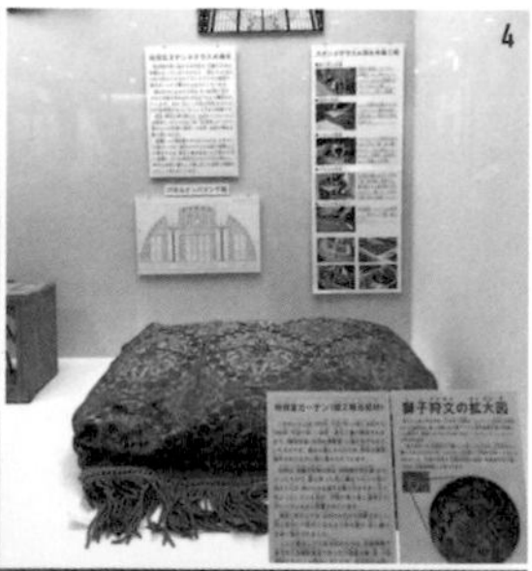

①②地下1樓公共空間展示的文物，織錦畫掛毯(緞帳)、木椅／③大阪市中央公會堂建造時用來打地基的木材「松杭」，保存良好，展示於地下1樓樓梯間／④⑤地下1樓「展示室」／⑥大正時代接待貴賓用的「特別室」，彩繪玻璃最上方有一對鳳凰／⑦⑨⑩地下1樓餐廳「Nakanoshima Social Eat AWAKE」舒適的環境、午餐與下午茶甜點／⑧「特別室」窗簾上的國寶圖紋「四騎獅子狩文錦」，複製重現版本／⑪「特別室」的彩繪玻璃，窗外對面是「大阪市立東洋陶瓷美術館」／⑫大阪市中央公會堂正門，冬季限定的投影燈光秀

冬季限定投影燈光秀 OSAKA 光的饗宴

每年12月中旬到聖誕節，大阪市中央公會堂正門戶外會舉辦「OSAKA 光的饗宴」(OSAKA 光のルネサンス)。絢麗奪目的視覺效果，搭配悠揚配樂，現場幸福溫暖的氛圍，推薦旅人親自體驗。活動時間從 17:00 開始，免費觀賞，每年舉辦的日期請查詢官網。

不同季節造訪這座壯麗建築，隨著周圍四季更迭的自然景色，百看不膩。只要朋友來大阪旅行，我一定會推薦朋友務必前往北濱、中之島，來趟大阪近代建築巡禮。這座大阪象徵性歷史建築，真心推薦你親自來欣賞，會發現更深度在地的大阪歷史樣貌。

大阪府立中之島圖書館

Osaka Prefectural Library Nakanoshima

收藏古文書與大阪文獻

大阪府立中之島圖書館簡介

1904年（明治37年）大阪財閥住友家第十五代住友吉左衛的捐款，加上住友家的建築技師長的設計，讓這座古典優雅的建築為中之島區增添歐式風情。從正門口爬上石階，越能感受建築設計的壯麗與細節，尤其是高聳的石柱與雕刻，有置身希臘神殿中的錯覺。外觀建築樣式是文藝復興式建築，而圖書館內部則是巴洛克式建築風格。

館內木製樓梯與拱形天花板的彩繪玻璃是拍照重點，踩著木階梯到2樓，仔細一看，會找到菅原道真、孔子、蘇格拉底、亞里斯多德等8位歷史上重要哲學家的名字。

2F有丹麥三明治專門店

2樓除了紀念品販售區，還有丹麥三明治(Open Sandwich)餐廳「Smørrebrød Kitchen」。座位均設置在窗邊，風格簡約溫馨。早上09:00開始營業至20:00，使用日本各地食材，喜愛健康飲食的旅人，建議一試。

- 大阪市北區中之島1-2-10
- 06-6203-0474
- 週一～五09:00～20:00，週六09:00～17:00，週日公休，週一不定期公休，詳細請查詢官網開館日公告
- 免費參觀
- 大阪地鐵「堺筋線」「北濱站」26號出口，步行6分；或「御堂筋線」「淀屋橋站」步行3分
- 0.5～2小時
- www.library.pref.osaka.jp
- P.41

2

1

5

4

3

❶大阪府立中之島圖書館外觀，宛如希臘神殿，也是國家重要文化財／❷❸圖書館大廳的拱形屋頂上有彩繪玻璃，搭配木製階梯，格外浪漫／❹❺大阪府立中之島圖書館2樓餐廳「Smørrebrød Kitchen」午餐與用餐環境

都市中心的綠洲 大阪第一座公園

❶玫瑰花盛開的季節，公園像是鋪上了一塊塊粉嫩織毯／❷中之島公園玫瑰花拱門下的座位，是拍照熱門地點／❸玫瑰小徑上記錄著玫瑰花品種的年代／❹中之島公園歐風小橋／❺❻各品種玫瑰花盛開的模樣／❼中之島公園邊界「天神橋」

中之島・日常

中之島公園

Nakanoshima Park

4,000株玫瑰花的熱門賞花景點

建造於1891年的「中之島公園」已存在超過百年時光，每年5月中旬、10月中旬開始，分別是玫瑰花盛開的季節，這時的玫瑰園景色粉嫩，總是吸引許多遊客前來拍照賞花。園區的規畫能讓遊客近距離欣賞多種玫瑰花的美麗細節，沿著公園小徑與小橋走去，小徑上寫著年分，紀錄著玫瑰花品種演變的歷史。就算不是在玫瑰花季節造訪中之島公園，從玫瑰園的小橋遠望「大阪市中央公會堂」，是很多人拍攝這座大阪代表性建築的經典角度。不論是一片綠意或是冬天蕭瑟的公園，都有不同的美感。

公園尾端還有一片綠地，是野餐享受日光浴的好地點，盡頭有座大型鐵橋「天神橋」，從橋梁下方觀看，錯綜排列的鐵條支撐著這座大橋，十分壯觀。公園旁有啤酒餐廳，也是放鬆休息的選擇之一。

- 大阪市北區中之島1
- 06-6312-8121
- 24小時
- 免費參觀
- 地鐵「堺筋線」「北濱站」26號出口，出站後往右邊難波橋走，馬上就看到公園
- 0.5～2小時
- www.osakapark.osgf.or.jp/nakanoshima
- MAP P.41

✉ 大阪市北區中之島1-1-26
☎ 06-6223-0055
🕘 09:30～17:00(最後入館時間16:30)，週一、展品更換期間、年末年始(12/28～1/4)公休
$ 常設展票價：大人500日幣、高中大學生300日幣，特別展票價各異，請參考官網
➡ 地鐵「堺筋線」「北濱站」26號出口，出站後往右邊難波橋走，約4分
⌛ 1～2.5小時
http www.moco.or.jp
MAP P.41

1

中之島・日常

大阪市立東洋陶瓷美術館

The Museum Of Oriental Ceramics, Osaka

低調的建築外觀，不凡的展覽內容

大阪市立東洋陶瓷美術館簡介

每次走到中之島，目光總是被分量感十足的大阪市中央公會堂吸引，經常忽略對面的土黃色建築「大阪市立東洋陶瓷美術館」。美術館建築色調的選定與高度，其實是考量了旁邊中之島公園腹地內建築的高度限制，以及建築形象代表陶瓷品的原色，才會有此設計。如此低調穩重的顏色，與周圍歷史建築物沒有違和感。

常設展的陶瓷美術品中，最主要的收藏是著名的「安宅收藏」，總計近1,000件中國與韓國陶瓷作品。原屬日本十大商社之一的安宅產業株式會社所有，商社破產後，債權人住友銀行集團捐贈給大阪市，才有大阪市立東洋陶瓷美術館的設立。從1982年開館至今已超過35年，穩健持續的帶給大阪市民與遊客們美的體驗。

2件國寶值得一觀

館內有2件國寶展示，分別為中國南宋時代的「油滴天目茶碗」與中國南宋~元代的「飛青瓷花生」。

「油滴天目茶碗」出自中國福建省的古瓷窯「建窯」。於陶製茶碗塗上鐵質含量高的「天目釉」燒製而成，茶碗內外均有油滴的斑紋，是因為天目釉的鐵質在燒製冷卻後形成的結晶現象。此外，茶碗口緣的一圈純金覆輪，更增加茶碗

2

質量兼具的世界級
陶瓷美術品收藏與展覽

❶美術館樓梯間與窗外景色／❷大阪市立東洋陶瓷美術館，走過可別錯過／❸常設展的展示空間／❹國寶「油滴天目茶碗」／❺國寶「飛青瓷花生」

的高貴莊重。此茶碗當時只輸入日本，現今保存良好的品項極少。原為關白・豐臣秀次（豐臣秀吉養子）所有，後來經手收藏的有京都西本願寺、江戶時代豪商京都六角的三井家、江戶時代藩主若狹酒井家，現在由大阪市立東洋陶瓷美術館所藏。

「飛青瓷花生」出自中國浙江省「龍泉窯」。青瓷器的釉上「飛散」的鐵斑紋，在日本被稱為「飛青瓷」，是中國元代輸入日本的貿易品。原為大阪鴻池家收藏，爾後由安宅英一先生擁有，安宅產業株式會社破產後，現由大阪市立東洋陶瓷美術館所藏。細頸圓腹的優雅曲線外型，中國稱之為「玉壺春」。在中國主要使用方式為酒器，在日本則用於茶道席間。名為飛青瓷，實物近看則多了黃色調，據說在自然光下觀賞的青瓷最美，因此館內設計了從天井照射下來的自然光線，讓參觀者能欣賞到此件國寶最美的姿態。

❶中之島摩天大樓Festival Tower West 1樓就可看到香雪美術館招牌／❷日本國家指定重要文化財──茶室「玄庵」原尺寸復刻版／❸❹4樓香雪美術館入場前的休息區，色調沉穩，張貼最新藝文活動／❺朝日新聞大阪本社新址在對面的中之島Festival Tower

中之島・日常

中之島 香雪美術館

Nakanoshima Kosetsu Museum of Art

朝日新聞社創辦人的收藏

關於香雪美術館

本館設立於神戶市御影的「香雪美術館」，2018年是開館的第45年。45週年之際，二館於大阪的中心「中之島」登場，地點就在中之島摩天大樓Festival Tower West 4樓。這棟樓有餐廳、咖啡店、知名企業的辦公室，還有近年來受矚目的設計飯店CONRAD OSAKA。美術館坐落在大阪繁忙的商業區，不過一到4樓美術館，黑色調搭配木材的沉穩設計，馬上有靜心的效果。館內展出作品目前只有日文與英文解說，不過展出品本身的美已經超越語言隔閡，單純專注欣賞美術品細節，就足以流連忘返。展示空間是神祕與高科技感的黑色調，把燈光全給了在展示櫃中的美術品，參觀者每個人均專注且安靜地欣賞每件美術品，互不打擾地度過自己與美術品的寧靜時刻。

朝日新聞社創辦人

鑑賞中之島香雪美術館的美術品，一定要先認識朝日新聞創辦人村山龍平先生。他致力守護日本文化財，避免深具價值的日本美術品流向海外，收藏茶道具、近代繪畫、書跡、佛教美術品、武具與刀劍的美術品。館內還規畫「村山龍平紀念室」，展示的眾多老照片能看出他廣闊的人脈。此外，村山龍平先生出資贊助目前世界現存最老的美術雜誌《國華》的經營，他的美術品收藏

多次刊載其中，因此，這本雜誌成為了解村山龍平先生收藏的重要參考資料。

5

原尺寸重現茶室「玄庵」

館內唯一提供拍照的空間是日本國家指定重要文化財——茶室「玄庵」，「玄庵」原址位於神戶御影的「舊村山家住宅」，由1688年創業至今的老牌工務店負責施工，原尺寸重現於中之島香雪美術館。坐在茶室前方的椅子，看著茶室，搭配大型投影機營造的四季更迭影像與聲光效果，彷彿身歷其境。

- 大阪市北區中之島3-2-4 中之島Festival Tower West 4F
- 06-6210-3766
- 10:00~17:00(最後入館時間16:30)，週一、展品更換期間、年末年始公休
- 大人900日幣、高中生500日幣、中小學生200日幣
- 大阪地鐵「四橋線」「肥後橋站」4號出口，步行2分
- 1.5～2.5小時
- http www.kosetsu-museum.or.jp/nakanoshima
- MAP P.41

國立國際美術館

The National Museum Of Art, Osaka

大阪近代藝術展示中心

關於國立國際美術館

1977年開館，2004年遷址到大阪中之島，以完全地下型的建築樣貌，繼續營運，展覽以二戰後日本與海外現代美術作品為主。售票處、展覽空間、紀念品販售店全部都在地下。搭著手扶梯，看著無數個玻璃窗透下的光線，買票觀賞展覽前就能先體驗建築本身要傳達的美。因為充足的光線，減少地下空間的陰暗與封閉感，不會一直意識到其實自己身處地下。展出作品精采豐富，配合展覽主題的相關紀念

品更是讓人陷入選擇困難。只要是喜歡的展覽，看完展後，自己必買的是作品圖鑑，回家後還能仔細回味，完整收藏。

建築設計特色

不鏽鋼管蜿蜒延伸的建築外觀，阿根廷出身的美國建築師西薩·佩里先生(César Pelli)以此設計意象表現竹子的生命力與現代美術的發展與成長。目前日本最高的建築大樓大阪天王寺區「阿倍野HARUKAS」也是出自他的設計，在亞洲有名建築作品還有馬來西亞雙子星大樓(雙峰塔)。國立國際美術館一反常態往地下發展，是建築的一大特點。

❶❷國立國際美術館蜿蜒流線的建築外觀／❸國立國際美術館一旁的大阪市立科學館圓弧型建築顯得利落理性／❹❺國立國際美術館B1購票處旁的公共空間

- 大阪市北區中之島4-2-55
- 06-6447-4680
- 10:00～17:00，週五、六開館時間延至20:00(7/21～10/14延至21:00)，週一、展品更換期間、年末年始(12/28～1/4)休館
- 常設展票價，大人430日幣、大學生以下130日幣，特別展票價各異，請參考官網
- 大阪地鐵「四橋線」「肥後橋站」3號出口，步行約8～10分
- 1～2.5小時
- http www.nmao.go.jp
- MAP P.41

北區 2

地鐵西梅田站附近，平面設計師松永真先生的作品「壁抜け猫」

最新流行發信地與大阪人文歷史薈萃

「梅田」逛街、「中崎町」當文青、「天滿」與「南森町」找歷史與自然風景

總是繁忙的梅田人潮魚貫穿行，地下道可通往各個主要百貨商場，方便也讓人暈頭轉向，尋找最新流行，梅田不會讓你失望。在擁擠的梅田周圍，「中崎町」有昭和懷舊街道與建築；「天滿」與「南森町」有全日本最長商店街「天神橋筋商店街」，人文底蘊、歷史建築與自然風景豐富，在大阪北區可看到非常多樣的生活樣貌。

大阪站的人潮車潮

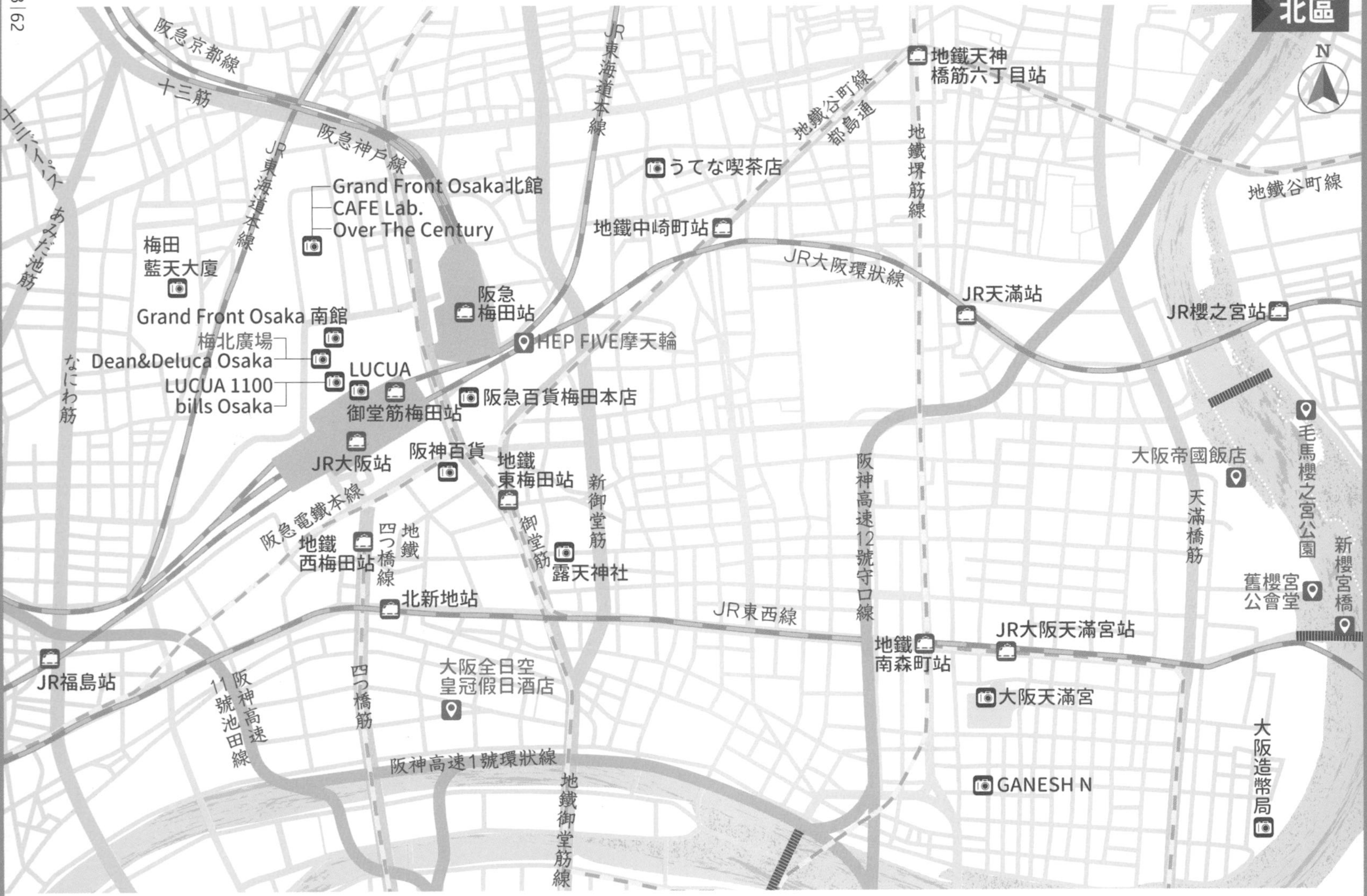
北區
N
阪急京都線
十三筋
十三バイパス
あみだ池筋
JR東海道本線
阪急神戸線
Grand Front Osaka北館
CAFE Lab.
Over The Century
梅田藍天大廈
Grand Front Osaka 南館
梅北廣場
Dean&Deluca Osaka
LUCUA
LUCUA 1100
bills Osaka
御堂筋梅田站
JR大阪站
阪急梅田站
HEP FIVE摩天輪
阪急百貨梅田本店
阪神百貨
地鐵東梅田站
阪急電鐵本線
地鐵西梅田站
地鐵四つ橋線
北新地站
御堂筋
新御堂筋
露天神社
なにわ筋
JR福島站
阪神高速11號池田線
四つ橋筋
大阪全日空皇冠假日酒店
阪神高速1號環狀線
地鐵御堂筋線
うてな喫茶店
地鐵中崎町站
地鐵谷町線
都島通
地鐵天神橋筋六丁目站
地鐵堺筋線
JR大阪環狀線
JR天滿站
JR櫻之宮站
JR東西線
阪神高速12號守口線
地鐵南森町站
JR大阪天滿宮站
大阪天滿宮
GANESH N
天滿橋筋
大阪帝國飯店
毛馬櫻之宮公園
舊櫻宮公會堂
新櫻宮橋
大阪造幣局

北區•經典

大阪天滿宮

Osaka Temmangu Shrine

大阪北區的千年神宮

大阪天滿宮的起源

西元949年建立的「大阪天滿宮」，傳說起源於「學問之神」菅原道真死去近50年後，「大將軍社」旁一夜之間長出7棵松樹，當時村上天皇下令建立「大阪天滿宮」祀奉「學問之神」（学問の神様）菅原道真，以慰在天之靈。「大將軍社」所在地，是大阪天滿宮創立地點，前來參拜的民眾都會來致意。從江戶時代中期開始舉辦的日本三大祭典之一「天神祭」延續至今，「天神」是大阪人對「大阪天滿宮」的暱稱，每年7月25日登場，是大阪夏天的盛事。這天晚上，電視上會馬拉松式實況轉播盛況與煙火秀。

「表大門」的「十二地支」

站在大阪天滿宮「表大門」（正門）下往上看，可欣賞「方位盤」雕刻的「十二地支」。特別注意，雕刻中有鳳凰而不是雞，原因是菅原道真被流放到「太宰府」期間，一聽到雞鳴就代表要起身出發，「雞」代表「急著要別離」之意，因此忌諱。

境內種植梅花

「菅原道真」喜愛梅花，大阪天滿宮的神紋中處處可見梅花圖案，境內種植各種梅花樹。梅花樹上都掛著牌子，寫著「請勿把籤詩綁在梅花樹

1

上」。每年2月還會舉辦「盆梅展」，需購票參觀。梅花滿開的季節，活動持續整個2月，想要體會「梅花撲鼻香」，可要把握日期。

特別的「星合池」許願

許願方式是先到「星合池」後方的「星合茶寮」購買「許願幣」(願い玉)，一次可許3個願望，香油錢(初穗料)500日幣。再回到星合池誠心祈願，將許願幣拋向池中的六色梅花造型台子，6個顏色各代表不同的願望，如果你許的願望與投到梅花辦上的顏色一致，則願望實現的機率高！

- 大阪市北區天神橋2丁目1-8
- 06-6353-0025
- 09:00～17:00，全年無休
- 免費參拜
- 大阪地鐵「堺筋線」「南森町站」2號出口上地面，往右邊過十字路口直走，跟著指標步行4分
- 1～1.5小時
- www.tenjinsan.com
- MAP P.63

5

4

2

6

3

❶大阪天滿宮「御本殿」／❷大阪天滿宮的起源地，境內的「大將軍社」／❸「星合池」許願，人氣很高，要買要快／❹❺梅花是大阪天滿宮的特色，2月初含苞待放的梅花以及梅花神紋／❻「表大門」屋頂上的「十二地支」，找到鳳凰了嗎？／❼❽❾星合池後面的「星合茶寮」，來吃一碗「考試合格烏龍麵」(すべらんうどん)，還可買麵條回家

9

8

7

1

北區•經典

大阪造幣局

Japan MINT

春天賞櫻園遊會

稀有品種櫻花大集合

大阪造幣局的櫻花品種多，由於花期各異，4月中旬仍可看到盛開櫻花，算是大阪市每年最後的賞櫻景點。賞櫻期間只開放大阪造幣局南門（天滿橋側）作唯一的入口。還沒抵達入口，先有一排屋台迎接參觀民眾向前，現場食物香味混雜，人聲鼎沸。大阪造幣局最大的特色是櫻花品種稀有又多樣，櫻花樹不高，就像走在櫻花隧道一般（日文稱為「桜の通り抜け」）。盛開的各式各樣櫻花就在你的身旁，觀賞時興奮的心情可想而知，不過現場擁擠，拍照時需留意禮節。跟著人潮向前，走一直線到北門（櫻宮橋側）就是出口，出口河岸旁還有一排路邊攤（屋台），像是園遊會，還可在櫻花樹下吃章魚燒、日式炒麵！

毛馬櫻之宮公園也是賞櫻名所

在大阪造幣局賞櫻出口（北門「櫻宮橋」）附近，就是「毛馬櫻之宮公園」，過馬路後馬上會看到國家指定重要文物——洋式建築「泉步觀」與已改為餐廳、宴會使用的大阪最老建築「舊櫻宮公會堂」。這裡從江戶時代開始就是賞櫻名所，可悠哉漫步賞櫻。非櫻花季時，假日常有市民在公園運動，沙灘排球、棒球、河邊釣魚、慢跑，氣氛十分放鬆。沿著河岸往JR大阪環狀線「櫻之宮站」方向走，就可一次逛完兩個景點，不需再走回「天滿橋站」搭地鐵。

- 大阪市北區天滿1-1-79
- 050-5548-8686
- 賞櫻期間平日10:00～19:00、週末09:00～21:00
- 免費參觀
- 大阪地鐵「谷町線」「天滿橋站」1號出口，步行15分
- 1.5～3小時
- www.mint.go.jp，點選「桜の通り抜け 大阪」確認每年櫻花季開放參觀日期
- MAP P.63

❶❷毛馬櫻之宮公園河岸邊的櫻花樹與屋台攤販／❸❹從大阪造幣局北口過馬路，就會看到重要歷史建築「泉布觀」與「舊櫻宮公會堂」／❺❻大阪造幣局櫻花品種多樣

露天神社

Tsuyutenjin

東梅田的戀愛神社

露天神社的歷史

已有1,300年以上歷史的「露天神社」，位置在東梅田的「曾根崎初天神通商店街」旁。1945年（第二次世界大戰）神社因戰爭被燒毀，美軍戰鬥機的機關槍掃射彈痕，仍留在神社境內的石柱上，參拜時仔細觀察本殿前的石柱就可以發現。現在的「露天神社」是1957年重建的建築。

成為戀人聖地「戀愛神社」原因

源於1703年發生於神社境內的真實事件，娼妓「阿初」（お初）與醬油商伙計「德兵衛」被迫拆散，兩人選在互為連理的松樹下殉情，也不願被迫分離的淒美故事。當時還被劇作家「近松門左衛門」改編為文樂人形劇，大獲好評。兩人故事以悲劇收場，但也表明堅貞不移的決心。因為這個愛情故事的流傳，「露天神社」漸漸以祈願戀愛成就出名。現在神社境內滿是戀愛與粉嫩的氛圍，處處可見用心祈願的男女。

- 大阪市北區曾根崎2丁目5-4
- 06-6311-0895
- 06:00～24:00
- 免費參觀
- JR「大阪站」「御堂筋南口」步行8分
- 0.5～1小時
- www.tuyutenjin.com
- P.63

❶2013年被選為「戀人聖地」，露天神社處處是粉嫩愛心／❷「心姿美人祈願繪馬」，每個表情都不同，是祈願者手繪／❸露天神社本殿

3

1

2

祈願人美心美、戀愛成功的能量

北區•日常

阪急百貨 梅田本店

Hankyu Umeda Department Store

最新流行與最強地下美食街

個人逛街心得，最齊全的品牌就在「阪急百貨 梅田本店」，如果時間有限，建議先逛。地下1樓美食街的櫃位商品多樣且看得令人垂涎欲滴，容易有選擇困難症。知名食品品牌跨界合作的阪急梅田限定商品、手沖咖啡、熟食與精緻便當店、和菓子店、麵包店等等，讓人眼花撩亂，總是人潮洶湧。進駐阪急百貨的店家都相當厲害，激烈競爭下，櫃位設定經常變換，最有口福的就是消費者。1、3、5樓的女性精品、服飾、鞋子與2樓化妝品專櫃是人氣樓層，品牌眾多。雖然樓上也有男性服飾樓層，不過若要逛更齊全的男性服飾，建議到隔壁棟的男性專屬百貨「Hankyu Men's Osaka」。

- 大阪市北區角田町8番7號
- 06-6361-1381
- 週一～四、日10:00～20:00，週五、六10:00～21:00，12/31營業至18:00，1/1公休，颱風天依照狀況可能不營業
- JR「大阪環狀線」「大阪站」沿著頭上「阪急百貨」指標前進；或地鐵「御堂筋線」「梅田站」6號出口直結B1
- 1.5～2小時
- www.hankyu-dept.co.jp
- P.63

北區•日常

阪神百貨

HANSHI Department Store

食物與餐廳是最主要賣點

2018年完成改建的「阪神百貨」在大阪人的印象中以「食」著稱，特別是重新規畫的地下美食街，進駐的都是知名店家，用餐空間是「立食」。另外，紐約漢堡店「Shake Shack」在日本關西的第一家分店就選在阪神1樓最明顯的位置。名為「阪神百貨」，與日本職棒「阪神虎」也有關聯，粉絲可別錯過阪神周邊商品店鋪，每年新年1月2日的「福袋日」（初売り），更是吸引粉絲排隊搶購。

❶阪急百貨 梅田本店外觀／❷1樓的櫥窗常與藝術家或品牌合作，總是吸引行人目光／❸紐約漢堡店「Shake Shack」首間日本關西分店，就在阪神百貨1樓／❹阪神百貨外觀，對面是「阪急百貨」、「大丸百貨」、「JR大阪站」

- 大阪市北區梅田一丁目13番13號
- 06-6345-1201
- 週一～四、日10:00～20:00，週五、六10:00～21:00，1/1公休，颱風天依照狀況可能不營業
- 「阪急梅田本店」大馬路口天橋直結，步行3分內；或JR大阪站「御堂筋南口」步行3分
- 1～1.5小時
- www.hanshin-dept.jp
- P.63

北區・日常

LUCUA & LUCUA 1100

直結JR大阪站，男女品牌數平均

JR西日本鐵道全權所有的購物商場LUCUA與LUCUA 1100，與JR「大阪站」直結，容易抵達。以日本品牌、選品店(Select Shop)、日本雜貨、廚具與家具、美妝品為主的商場，男性與女性品牌比重差不多，分配比例很公平。知名店家如人氣早午餐店「bills」、奈良知名雜貨店「中川政七商店」、「蔦屋書店」、「BEAMS」、「CONVERSE TOKYO」等，還有男性專屬沙龍「HAIR's ZENON」，座位均面向窗戶，包含剪髮、修容、修指甲服務，非常推薦男性去體驗。梅田的餐廳選擇多到數不清，LUCUA地下2樓美食街「LUCUA バルチカ」2018年剛翻新完成，營業至半夜12點，是很多大阪人用餐的新去處。

- 大阪市北區梅田3-1-3
- 06-6151-1111
- 10:00～21:00，1/1公休，颱風天依照狀況可能不營業
- JR「大阪站」直結
- 1.5～2.5小時
- www.lucua.jp
- MAP P.63

2

1

北區・日常

bills Osaka

必點三層厚鬆餅

來自澳洲雪梨的bills，在東京、鎌倉、橫濱、福岡展店後，2017年終於在日本關西地區開設第一家分店，地點就在梅田LUCUA 1100 7樓。一開幕就慕名前去排隊，結果等了2個多小時。現在bills大阪店已開放線上或電話預約，特別是週末假日人潮滿滿，不訂位的話需要等候1小時以上。鬆綿口感且蛋香濃郁的三層厚鬆餅(Ricotta hotcakes)是很多人到bills的必點料理，點餐後等待約20分鐘，鬆餅上桌，再毫不手軟淋上店家準備的蜂蜜，配著香蕉切片一同入口，熱量邪惡但是滿足感100分。一份1,620日幣的價格有些高貴，不過用餐環境舒適，而且菜單上的鹹食也很好吃，還是推薦一試。

- 大阪市北區梅田3-1-3 LUCUA 1100 7樓
- 預約專線：050-3155-1472
- 08:30～23:00，最後點餐時間22:00，1月1日公休
- 每人1,000日幣起
- JR「大阪站」「中央北口」，步行4分
- 1～1.5小時
- billsjapan.com
- MAP P.63

4

3

❶❷LUCUA與LUCUA1100建築外觀、最新美食街／❸bills Osaka店外觀／❹bills招牌三層厚鬆餅

北區・日常

Grand Front Osaka 南館

グランフロント大阪

商辦混合的先進綠建築

與LUCUA、LUCUA 1100對望的「Grand Front Osaka」南館，有大阪出身的百年企業PANASONIC推出的「PANASONIC Center Osaka」與附設咖啡店進駐，對各種日式室內布置風格有興趣的旅人，建議來逛一圈吸取布置靈感。南館1樓與2樓的服飾店多為選品店(Select Shop)，除了日本品牌，歐美當紅潮牌也找得到。5樓是登山與戶外運動用品聚集樓層，品牌與款式眾多。B1美食街「UMEKITA CELLAR」也不容錯過，有當紅的吐司專賣店「LeBRESSO」、只有吧台座位的「ALL DAY COFFEE」、來自紐約的「THE CITY BAKERY」與「DEAN & DELUCA」、日式餐廳、異國餐廳（包含台灣「春水堂」）進駐，每家都是人氣首選。

- 大阪市北區大深町4-20
- 06-6372-6300
- 10:00～21:00，1/1公休，颱風天依照狀況可能不營業
- JR「大阪站」「中央北口」，步行5分內
- 1～2.5小時
- www.grandfront-osaka.jp
- P.63

北區・日常

DEAN & DELUCA Osaka

精選自全世界的食品

DEAN & DELUCA從世界各地挑選的食品、酒類、飲料，有經典、有新奇，旁邊的烘焙區麵包香味逼人。價位較一般超市高一些，商品比一般超市多樣與特殊。經常客滿的附設餐廳區「Market Table」，吧台區旁甜點櫃裡擺放的甜點都令人食指大動！午餐從11:00開始供應，餐點以義大利麵、三明治與輕食為主，每週的午餐菜單會公布在官網，出發前可事先查詢。靠窗座位的曲線玻璃落地窗外，是階梯瀑布，這一區與1樓就是安藤忠雄先生設計的建築「梅北廣場」。

❶Grand Front Osaka南館建築外觀／❷南館B1美食街「UMEKITA CELLAR」的餐廳與咖啡店都是人氣店家／❸Grand Front Osaka南館1樓歐風餐廳「AUX BACCHANALES」／❹DEAN & DELUCA Osaka位於安藤忠雄先生設計的梅北廣場B1／❺可到餐廳區「Market Table」享用下午茶

- 大阪市北區大深町4-1
- 06-6359-1661
- 超市10:00～22:00，餐廳10:00～22:00
- JR「大阪站」「中央北口」對面Grand Front Osaka南館的地下1樓梅北廣場UMEKITA CELLAR
- 0.5～2小時
- www.deandeluca.co.jp
- P.63

北區・日常

Grand Front Osaka 北館

グランフロント大阪

6樓餐廳可近距離欣賞藍天大廈

Grand Front Osaka北館與南館2樓有空橋連結，下雨天也不怕逛街淋雨。北館以企業辦公室為主，逛街的範圍集中在1樓。1樓的廣場經常有企業舉辦活動，四周則是咖啡店、餐廳、服飾店、家具家飾店(ACTUS、Zara Home)，還有出乎意料十分平易近人的賓士車展示中心。6樓整層樓都是餐廳「UMEKITA FLOOR」，採自助式，點餐後選擇喜愛的座位用餐，其中一側的靠窗座位可近距離欣賞梅田著名看夜景的景點「藍天大廈」(梅田スカイビル)，餐廳營業到凌晨4點。

- 大阪市北區大深町3-1
- 06-6372-6300
- 10:00～21:00，1/1公休，颱風天依照狀況可能不營業
- JR「大阪站」「中央北口」，步行7分內
- 1～2.5小時
- www.grandfront-osaka.jp
- P.63

❶Grand Front Osaka北館1樓的廣場經常舉辦活動，圖為聖誕節活動／❷建築內部

北區・日常

CAFE Lab.

打造「數位閱讀」咖啡店空間

平日喜歡來「CAFE Lab.」吃午餐，因為一盤用料實在的義大利麵再加上一杯香濃illy拿鐵，千元日幣有找。長桌的座位區均有插座，經常有來此K書或寫報告的大學生、轉換氣氛的上班族或Freelancer。由於是自助式的咖啡店，一定要先找到座位再點餐，不然會有罰站的可能。推薦菜單中的酪梨章魚義大利麵與牛肉蛋包飯，每次都是這兩項重複點卻還沒吃膩。長桌上每個座位均提供iPad，想要打造數位閱讀的企圖心可見一斑。不過最常看到的是小朋友動手使用，大人通常都滑著手機或盯著自己的電腦螢幕，iPad大多時候是個裝飾……

Grand Front Osaka北館1樓的CAFE Lab.是很多上班族與學生的愛店

- 大阪市北區大深町3-1(Grand Front Osaka北館1F)
- 06-6372-6441
- 08:00～23:00，1/1公休
- 午餐附飲料950日幣起，晚餐1,000日幣起
- JR「大阪站」「中央北口」，穿越Grand Front Osaka南館2樓天橋，步行約8分
- 1～1.5小時
- kc-i.jp，選擇簡體字版本，設備導覽→CAFE Lab.
- P.63

北區・日常

Over The Century

服飾、咖啡與花藝的複合式Select Shop

「Over The Century」在梅田Grand Front Osaka北館1樓不太明顯卻占地頗大的區塊，之所以不好找是因為被斜前方的賓士車展示區附設咖啡店「Downstaris Coffee」，與一旁服飾店遮住。服飾是歐美與日本品牌，款式以個性潮流款為主，還有陶、磁器作品的展售區。整個店面的視覺重點，就屬正中央的花店，季節花材向經過或駐足的客人傳達四季的更迭，每回經過總會為了這些美麗花卉停下腳步，多欣賞幾分鐘。

- 大阪市北區大深町3-1(Grand Front Osaka北館1F)
- 06-6292-5288
- 10:00～21:00，1/1公休
- 咖啡500日幣起，服飾6,000日幣起
- JR「大阪站」「中央北口」，穿越Grand Front Osaka南館2樓天橋，步行約7分
- 0.5～1.5小時
- over-the-century.com
- P.63

Over The Century的空間營造非常舒適清亮

北區・日常

梅田藍天大廈

UMEDA SKY BUILDING

梅田看夜景知名景點

原廣司先生(Hiroshi Hara)名氣雖無出身大阪的建築家安藤忠雄先生大，不過一提到他的代表性建築作品「京都車站」與「札幌巨蛋」，應該就能馬上捕捉原廣司先生的建築特色。即使「梅田藍天大廈」坐落在梅田鬧區的邊陲地帶，依然吸引外國觀光客前往，很大的原因是梅田是看夜景的名所，大廈更曾經入選為「世界建築TOP 20」。推薦在白天前往，可以仔細欣賞建築細節。正對面的日式庭園「中自然之森」四季自然景色與摩天大樓互映成美麗畫面，日式庭園外圍有一排鋼管，定時噴水營造小型瀑布。地下美食街的大面玻璃也把屋外的風景帶給用餐遊客，美不勝收。

日式庭園「中自然之森」的一抹楓紅

站在藍天大廈的正下方，感受它的磅礡氣勢

- 大阪市北區大淀中1-1-88梅田藍天大廈
- 06-6440-3855(可致電確認天空庭園展望台導覽與營業時間)
- 09:30～22:30，12/31跨年營業至凌晨01:00，1/1元旦05:00開始開放看日出
- 大人1,500日幣，4歲～小學生每人700日幣，參加導覽需額外付費
- JR「大阪站」「中央北口」出站就會看到工地對面的「藍天大廈」，穿越工地，再過地下道，步行約10分鐘
- 1～2.5小時
- www.kuchu-teien.com
- P.63

北區・日常

中崎町

なかざきちょう

漫步濃厚昭和風情的文青區

從大阪地鐵「谷町線」「中崎町站」2號出口出站，對面是「天五中崎通商店街」，往右手邊身後的馬路走去，沿途就會看到布置精巧的小型理髮店、甜點店、古著店、餐廳與特色咖啡店。來到中崎町最有趣的是，上述這些店家多在昭和風情老房子的巷弄間營業，如果只是一直往前走，會覺得這區有些無聊，認真探訪巷子才是王道。

正確抵達中崎町後，建議隨心所欲、直覺式地散步。如果是從擁擠與高樓林立的梅田步行到中崎町，這區的街景就像穿越時空。舊建築翻新重新利用，帶來觀光人潮與喜愛攝影的族群，但這些昭和懷舊與文青感的店家旁多是當地人居住的住宅區，拍照時需注意禮貌，避免拍攝私人住宅或小孩；拍照記錄美景的同時，要留意來往車輛。

❶路邊的復古理髮店／❷巷中販賣公仔、老物件的店家尋寶／❸❹日系與復古風格的古著店／❺躲過二戰空襲，保留至今的古民家

北區・日常

うてな喫茶店

日式長屋改建的咖啡店

招牌非常不明顯，已有年代的木製拉門有點難拉開，若不留意，很容易就錯過這家店。一進到店裡彷彿換到另一個時空，老物桌椅，任由其斑駁的牆面，讓我想到台灣三合院會看到的畫面。咖啡香醇好入口又回甘，使用的器皿頗講究，花色復古，與屋內的氛圍相呼應。雖然門面低調，但是透過社群的力量還是藏不住光芒，尤其是假日經常一位難求。

- 大阪市北區中崎西1-8-23
- 06-6372-1612
- 12:00～20:00，週二與每月的第一個週一公休
- 500日幣起
- 大阪地鐵「谷町線」「中崎町站」2號出口，步行7分
- 1～1.5小時
- MAP P.63

うてな喫茶營造的老屋氛圍與手沖咖啡

北區・日常

GANESH N

ガネーシュ N

參拜完大阪天滿宮，來一盤印度咖哩

大阪天滿宮一旁有名的「天神橋筋商店街」，是很多人探尋美食的地區，這次介紹的GANESH N，在商店街附近，大阪天滿宮表參道路邊。橄欖樹、楓樹與藤蔓遮住部分店面，如果不是店外有人排隊，門口只放一塊木頭招牌，寫著咖哩和茶，很容易就會被忽略路過。店裡只有7個吧台座位與2張桌子，播放著南亞音樂，櫃檯旁的小玻璃櫥櫃擺著各式南亞零食，廚師是女性日本人，還有一位印度人。看著廚師在狹小的廚房炒咖哩，有些家庭感，咖哩香料鐵盤就擺在一旁，香味迷人。

點餐時可選擇印度米或日本米，菜單註明印度米的糖分是一般米的一半，想要加大分量，只需加價100日幣。店裡只有素食與非素食咖哩兩種選擇，想要一次品嘗到兩種咖哩，可以點雙拼咖哩「あいがけ」。GANESH N的咖哩辣度溫和，不吃辣的人也可接受。寒冷的冬天吃這盤香料咖哩，身體很快就暖和，暖心暖胃。

GANESH N 招牌咖哩

- 大阪市北區天神橋1-10-18
- 不公開
- 11:30～16:00(賣完為止)，週一、三公休，有時會臨時公休
- 900日幣起
- 地鐵「南森町站」號出口，步行7分，大阪天滿宮正門鳥居前表參道直走2分
- 1～1.5小時
- lganesh.exblog.jp
- MAP P.63

中央區

「路線1」

南船場造型奇特的綠建築

商業街的百年老店、設計潮流、美食聚集地

「本町」巷中咖啡與書香、「南船場」潮流咖啡與設計師品牌、「心齋橋」大丸百貨與名品大街

「心齋橋筋商店街」從道頓堀延伸到本町，這3年最明顯的改變是藥妝店暴增。往本町方向走，會看到商店街頭上很多舊招牌會寫「纖維」或是「問屋」，以前南船場就是纖維與批發店興盛的區域，本町則聚集銀行與企業辦公大樓。1717年創業的大丸百貨心齋橋店，本館融合哥德式與Art Deco建築風格，是御堂筋上代表性歷史建築。穩健營業的百年老店、設計師品牌聚集區、日本典型巷弄飲食，都在這章節介紹給旅人。

中央區經典「大丸百貨心齋橋店」

中央區
N
御堂筋本町郵局
平岡珈琲店
堺筋
御堂筋
華都飯店本町
Garden City店
本町通
The St. Regis Osaka
Hard Rock Cafe
阪神高速13號東大阪線
地鐵本町站
地鐵堺筋
本町站
地鐵中央線
阪神高速16號大阪港線
中央大通
御堂筋
堺筋
地鐵御堂筋線
地鐵堺筋線
colombo
cornershop
難波神社
阪神高速1號環狀線
稻荷烏龍麵始祖 松葉屋
Harry Winston
Hermes
Saturdays
NYC Osaka
RIMOWA Store
Osaka Shinsaibashi
地鐵長堀鶴見綠地線
地鐵
心齋橋站
長堀通
新鮮活魚壽司
じねん鰻谷
南通り店(心齋橋)
地鐵
長堀橋站
大阪
日航酒店
大丸百貨
心齋橋店

中央區•經典

平岡珈琲店

HIRAOKA COFFEE

本町商業區巷中的百年老店

從醬油釀造、洋酒進口到開咖啡店

先從簡述平岡珈琲店創立過程說起。創立者是千葉縣醬油釀造所之子小川忠次郎先生，因為工作關係需要到東京出差，造訪銀座時看到最先端的西洋流行時尚，十分憧憬，於是想要從事能傳達西洋文化的工作。有次出差到兵庫縣尼崎的醬油釀造廠，住在尼崎的料理旅館「平岡」，與旅館女兒相遇相戀，不顧父母反對與平岡小姐結婚，甚至放棄醬油釀造廠繼承。婚後改做洋酒進口商，選在當時裕富的城市大阪創業，店名取為「平岡」。但是，第一次世界大戰爆發，洋酒進口生意無法繼續經營，因此決定在大正十年(1921年)改道經營咖啡店，「平岡珈琲店」就此誕生。

原創特調咖啡 限量的古早味甜甜圈

平岡珈琲店的特調咖啡(ブレンド)一端上桌，色澤比一般咖啡店更黑更濃，喝第一口時其實有些不習慣。飲下一口幾秒過後，咖啡香氣在口中回甘，接著漸漸適應這獨特風味。從生豆開始自家煎焙，使用「富士珈機」製造的最高階焙煎機，堅持良好品質。除了內用，還能購買咖啡豆。

咖啡店的另一項招牌，就是至今仍遵循前代作法的甜甜圈。食譜是創業時學自東京銀座咖啡店「CAFE PAULISTA」，沒有添加物，吃起來沒有市面上甜甜圈的鬆軟口感，而是扎實與麵香。每日只限量供應70個，想品嘗百年不變的滋味要趁早。

- 大阪府大阪市中央區瓦町3丁目6-11
- 06-6231-6020
- 09:00～18:00，週二、三公休
- 500日幣起
- 大阪地鐵「御堂筋線」「本町站」1號出口，步行3分
- 1～1.5小時
- www.cafe-hiraoka.jp
- P.77

❶平岡珈琲店外觀／❷店內的復古氛圍／❸一轉彎走出巷口，就是大阪的銀杏大道「御堂筋」／❹特調咖啡與甜甜圈組合，600日幣

中央區・經典

稻荷烏龍麵始祖 松葉屋

うさみ亭まつばや

Q彈烏龍麵條，有層次的湯頭

店名很長的原因

店名的來龍去脈是這樣的。「うさみ」的漢字是「宇佐美」，是豆皮烏龍麵老闆的姓氏，現在已傳承至第三代；「まつばや」則是第一代老闆原本工作的壽司店店名「松葉屋」。由於壽司店要休業，「宇佐美」把店鋪頂下，改賣烏龍麵，將自己的姓氏與壽司店名合併，成為現在的店名。當時常有客人把隨餐附的豆皮壽司放到烏龍麵裡一起吃，老闆乾脆把豆皮與烏龍麵加在同一碗，成了大家熟悉的「豆皮烏龍麵」。

有飯有麵「雜炊烏龍麵」

雜炊烏龍麵（おじやうどん）與一般吃到的烏龍麵有些不同，豆皮切絲，與烏龍麵條的寬度相近，不需大口咬著一大片豆皮配烏龍麵。配料豐富，有魚板、香菇、紅薑絲、雞肉與季節海鮮，最上頭再撒上大把蔥絲；鐵盤底部還有吸飽湯汁的飯，每次都吃到盤底朝天，相當滿足，一碗780日幣。尤其是冬天的牡蠣版本（一份1,000日幣），牡蠣大顆又新鮮，湯頭更加鮮美，吃個一碗真的超過癮！

- 大阪市中央區南船場3-8-1
- 06-6251-3339
- 週一～四11:00～19:00，週五、六11:00～19:30，週日與國定假日公休
- 750日幣起
- 大阪地鐵「心齋橋站」1號出口，步行7分
- 1～1.5小時
- P.77

大阪市南船場
訪豆皮烏龍麵創始店

❶1樓座位／❷松葉屋店外觀／❸特色菜單，雜炊豆皮烏龍麵(おじやうどん)

中央區・日常

colombo cornershop

難波神社旁兼賣咖啡的歐洲風二手書店

難波神社旁這家有如置身歐洲街角的二手書店，已經經營近10年。老闆十分健談，照顧每一位來店裡的客人，不論客人詢問哪本書籍，均能如數家珍，娓娓道來每本書的特色。

幾個在附近的設計公司上班的客人，固定會來買杯咖啡，熟客與老闆閒聊幾句，再匆匆返回工作崗位。老闆還對咖啡頗有研究，即便店裡賣的咖啡價格平實，使用的咖啡豆可是講究，由大阪瓢箪山的一家專業烘焙所提供，美式咖啡和拿鐵都很好喝。如果想要尋找絕版書籍，涉獵設計、攝影、建築、音樂相關主題，來colombo cornshop有機會挖到寶。此外，店裡還有雜貨販賣區，都是老闆與老婆旅行時發現的好物，甚至還有台灣的復古娃娃鞋。

colombo cornershop店外觀，彷彿置身歐洲街頭

- 大阪市中央區南久寶寺町 4-3-9
- 06-6241-0903
- 週一、二、四～六12:00～20:00，週日與國定假日13:00～19:00，週三公休
- 200日幣起
- 大阪地鐵「御堂筋線」「心齋橋站」3號出口，步行7分；或「本町站」14號出口，步行7分
- 0.5～1.5小時
- www.colombo.jp
- P.77

中央區・日常

新鮮活魚壽司じねん鰻谷南通り店(心齋橋)

新鮮、價位平實的握壽司店

1996年經營至今的握壽司店，每日從日本各地漁港新鮮直送的漁獲與穩定的品質，讓我一試成主顧。大阪目前有4家店，自己習慣去的是這間位於東心齋橋的分店。1樓吧台座位可邊看老師傅利落明快的捏握壽司邊用餐，2樓的榻榻米椅子座位寬敞舒適。握壽司午間套餐600日幣起，價位平實。食量大或想更有飽足感，可以選擇1.5人份的午間套餐900日幣。

每回聚餐必點的幾項握壽司，推薦各位嘗試。奶油鰻魚握壽司「うなぎバター」鹹香奶油與鰻魚的搭配，只吃兩貫實在不夠過癮；蟹膏握壽司，蟹膏香濃不腥、海膽與干貝都鮮甜。當季魚類生魚片也相當推薦！

❶奶油鰻魚握壽司值得一試／❷店外觀

- 大阪市中央區東心齋橋1-8-26
- 06-6244-4111
- 午餐11:00～14:00，15:00～17:00休息，晚餐17:00～04:00，週一公休
- 午餐每人600日幣起，晚餐每人2,500日幣起
- 大阪地鐵「御堂筋線」「心齋橋站」1號出口，步行6分
- 1.5～2.5小時
- jinen.org
- P.77

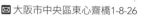

中央區•日常

Saturdays NYC Osaka

大阪南船場潮流與咖啡香

咖啡師精選咖啡豆 羽曳野市現做直送甜點

Saturdays NYC Osaka 坐落地點與心齋橋美國村（アメ村）相隔一條大馬路「長堀通」，年輕有型的咖啡師帥氣地招呼客人，沖泡咖啡。店裡客人不乏穿著時髦的男女，生意很好，客人絡繹不絕。1樓 Coffee Bar 座位很多，想要工作的客人會選擇大長桌，聊天、育兒或帶寵物的客人，靠近門口的座位空間比較方便。咖啡的選擇從單品咖啡、綜合咖啡、拿鐵、熱可可到熱茶都有，水泥吧台旁有一區甜點櫃，各種口味的甜甜圈、巧克力蛋糕、起司蛋糕、鋪上季節水果的卡士達醬丹麥麵包等，都很受歡迎。供應甜點的是大阪羽曳野市的麵包店，每日新鮮現做，甜度控制得宜，價格平實，也減少吃甜食的罪惡感。由於我幾乎每週都造訪，還會特別注意吧台上的季節鮮花，花材的挑選讓咖啡店的美感質感都加分。

若喜愛紐約潮流服飾 別錯過2樓服飾區

Saturdays 旗艦店位於紐約蘇活區（SoHo），在日本東京、名古屋、神戶與大阪有分店。除了販售衝浪板、衝浪周邊商品，也設置男性服飾零售區。簡潔的設計與用色，衣服質料扎實，穿起來舒適，曾買過幾件衣服與褲子，質感經得起時間考驗。

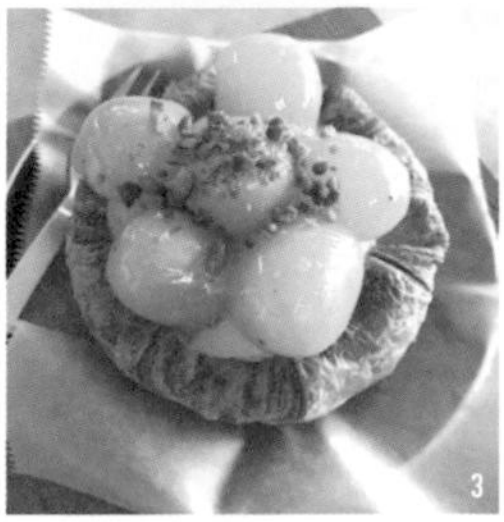

❶吧台上的季節花卉也是受矚目的一員／❷❸季節水果丹麥麵包與甜甜圈，總是忍不住買來吃／❹2樓是男性服飾零售區

- 大阪市中央區南船場4-13-22
- 06-4963-3711
- 1樓Coffee Bar 09:00～20:00，2樓服飾店11:00～20:00
- 咖啡350日幣起，2樓服飾店10,000日幣起
- 大阪地鐵「心齋橋站」3號出口，步行5分內；或大阪地鐵「四橋站」1A出口，步行3～4分
- 1～2小時
- www.saturdaysnyc.co.jp
- P.77

4 中央區［路線2］（含浪速區）

大阪市南區「ミナミ」的魅力

南海難波站、大阪高島屋

「法善寺橫丁」尋訪美食與歷史、「千日前」街頭小吃與搞笑文化發信地、「難波」購物

大阪市南區，多條商店街串連一氣，人聲鼎沸，凌亂卻自成一格的巷弄中美食聚集，還有買家電必逛的BIC CAMERA、大阪難波的地標高島屋百貨、重要轉運站南海難波車站都在這區，是許多人來大阪旅行必訪之地。

在大阪人的日常對話中，一定會聽到「キタ」（發音：kita，漢字：北）與「ミナミ」（發音：mi-na-mi，漢字：南）。「キタ」是指梅田與其周邊的鬧區，「ミナミ」則是難波與其周圍。這兩個名稱是江戶幕府時代為了城鎮發展而命名，代表大阪市南與北最繁華的地帶。

中央區(含浪速區)

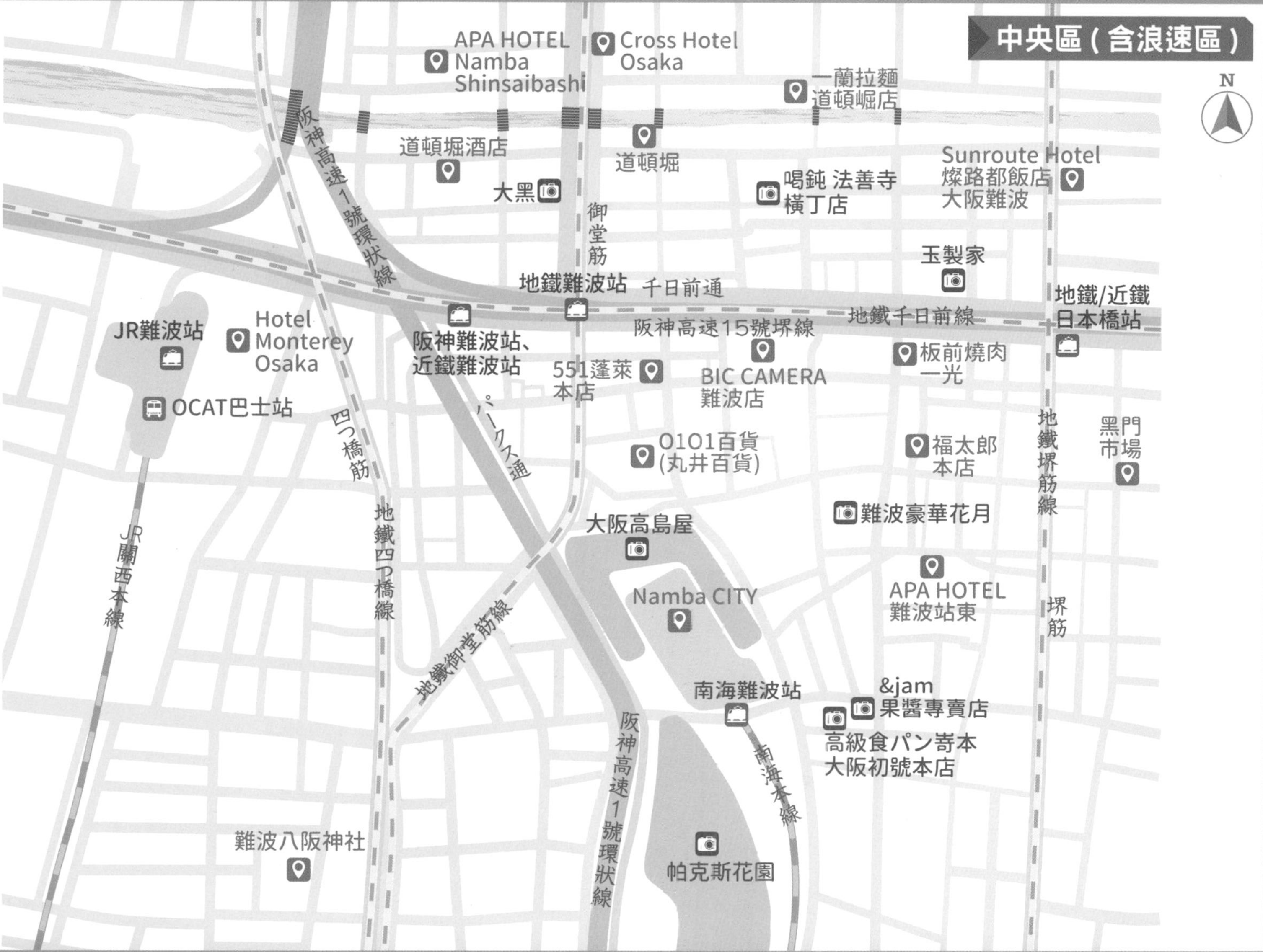
N
APA HOTEL Namba Shinsaibashi
Cross Hotel Osaka
一蘭拉麵 道頓崛店
道頓堀酒店
道頓堀
大黑
喝鈍 法善寺橫丁店
Sunroute Hotel 燦路都飯店 大阪難波
阪神高速1號環狀線
御堂筋
玉製家
地鐵難波站
千日前通
地鐵/近鐵 日本橋站
阪神高速15號堺線
地鐵千日前線
JR難波站
Hotel Monterey Osaka
阪神難波站、近鐵難波站
551蓬萊 本店
BIC CAMERA 難波店
板前燒肉 一光
OCAT巴士站
四つ橋筋
パークス通
0101百貨 (丸井百貨)
福太郎 本店
地鐵堺筋線
黑門市場
難波豪華花月
JR關西本線
地鐵四つ橋線
大阪高島屋
APA HOTEL 難波站東
Namba CITY
堺筋
地鐵御堂筋線
南海難波站
&jam 果醬專賣店
高級食パン嵜本 大阪初號本店
阪神高速1號環狀線
南海本線
難波八阪神社
帕克斯花園

難波豪華花月

なんばグランド花月

日本的搞笑殿堂

大阪「千日前」因為「吉本興業」設立總部在此區，同一棟有「難波豪華花月劇場」，使喧鬧的商店街多了搞笑歡樂，即使是平日仍有不少粉絲買票觀劇。「吉本興業」可說是日本搞笑演藝事業的代名詞，1912年（明治45年）創立於大阪市，現今全日本有18個劇場全年無休地運作著。日本綜藝節目中常出現的搞笑藝人很多出身於此，當紅藝人也會參加劇場演出。由於笑點（梗）與日本時事、文化、語言脫離不了關係，要像日本人能捧腹大笑，日文實力很關鍵。在劇場1樓也可體驗日本搞笑文化的魅力，大廳門口與搞笑藝人Q版人偶合照、搞笑藝人公仔扭蛋機、搞笑藝人圖案的「吉本人形燒」、旁邊連鎖咖啡店TULLY's COFFEE推出限定版「花月拿鐵」……透過這些「周邊商品」感受吉本興業的魅力。「難波豪華花月」緊鄰「千日前道具街」，想找日式廚具可來這條街挖寶，旁邊的章魚燒人氣店家「たこ焼道楽わなか千日前 本店」也推薦嘗試。

1

4

3

2

- 大阪市中央區難波千日前11-6
- 06-6643-1122
- 入場觀劇視每日公演行程而定，全年無休
- 入場觀劇每人4,200日幣起
- 地鐵「日本橋站」5號出口，步行7分
- 1～3小時
- www.yoshimoto.co.jp/ngk
- P.83

❶「難波豪華花月」建築古典日式／❷❸❹搞笑藝人的周邊商品多樣，令人會心一笑／❺千日前的人氣章魚燒本店／❻TULLY's COFFEE的劇場店限定「花月拿鐵」，有三種拉花的顏色與文字可指定

6

5

浪速區•經典

大黑

だいこく

療癒系簡單好味道

1902年創業的日式食堂「大黑」，最初店址坐落在道頓堀川旁，現在已搬移到巷裡。門口的大量植栽看得出來受到悉心照料，店面保留懷舊與歷史，僅有燈籠寫著店名「大黑」與招牌料理什錦飯「かやく御飯」。店裡的木頭桌椅、竹編牆面與廚房十分有老店氛圍，菜單羅列在桌上的牌子。很多客人因為什錦飯專程前來，據說發明什錦飯的就是這家店。

「かやく」的漢字是「加藥」，「藥味」在日文中可指任何調味料，在飯裡加調味一起炊煮，就是「かやく御飯」。這碗看起來樸實簡單的飯，吃起來香氣十足，米飯粒粒分明，其實單吃一碗飯就很有飽足感。入境隨俗，學起旁邊日本上班族單點魚跟菜，現煎鹹香又新鮮的鯖魚很下飯，茄子入味，附贈的小碟醬菜都相當好吃。「大黑」把百年食堂的用餐環境與食材都照顧得很好，用心經營的老店，推薦你來試試。

2

3

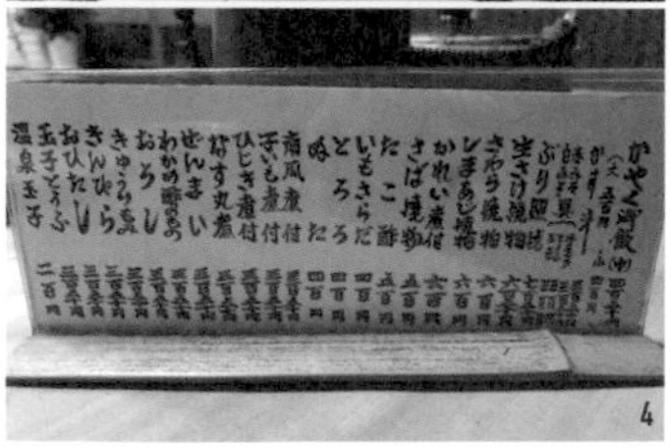
4

- 大阪市中央區道頓堀2-2-7
- 06-6211-1101
- 11:30～15:00、17:00～20:00，週日、一、國定假日公休
- 1,000日幣起
- 大阪地鐵「御堂筋線」或近鐵「難波站」25號出口，步行1分
- 1～1.5小時
- MAP P.83

❶「大黑」店門口植栽滿滿，招牌低調／❷簡單的食物，撫慰人心／❸❹手寫菜單與店內環境

浪速區・經典

玉製家

名代おはぎ 玉製家

當地人排隊也甘願的百年菓子店

1899年創業的「玉製家」是大阪千日前通旁的菓子專賣店，只賣「おはぎ」(萩餅)。店前的排隊人龍與高掛2樓的紅白招牌「名代おはぎ」，讓你絕對不會錯過。由夫妻一同經營，老闆娘氣質很好，英文可通，知道每位客人都是花時間排隊，很願意在包裝完成之前，讓客人幫萩餅拍照。只賣3種口味，以「盒」為單位，最小包裝是6個一盒。專程來排隊的人，通常會買超過一盒，送禮非常顯誠意，因為是親自去排隊才能買到的逸品。

黃豆粉真的很香，紅豆泥新鮮不膩口，最多人點保有紅豆顆粒的「粒餡」口味。店內特別張貼大張公告，提醒客人黃豆粉口味(きな粉)一定要當天吃完，另外兩種紅豆細餡口味也只能放到隔天中午前，而且絕對不能放冰箱。完全無添加物的堅持，也希望客人能品嘗菓子最新鮮的狀態。

2

3

1

- 大阪市中央區千日前1-4-4
- 06-6213-2374
- 14:00～賣完為止，週四、日、國定假日公休
- 一盒907日幣起
- 大阪地鐵「千日前線」「堺筋線」或近鐵「日本橋站」2號出口，步行2分
- 1～1.5小時
- MAP P.83

浪速區・日常

喝鈍 法善寺橫丁店

只有吧台座位的豬排飯專賣老店

道頓堀後面的「法善寺橫丁」是一條不到100公尺的老街道，有高級燒肉店、bar、日本料理店，「喝鈍」是其中一家小店。狹長形的店裡只有10個吧台座位，有點擁擠的空間，充滿老闆與客人有趣互動的人情味。現在的老闆遵守家訓，從1983年開店至今，每天留下一些油與新的油混合，炸豬排時肉汁、油脂與沙拉油混合而成的精華就在這鍋油裡。選用日本國產的豬肉，吃起來鬆嫩不油膩，可以浸放在湯咖哩、淋上酸甜梅子醬，甚至是更豪華的加蛋豬排double。米飯煮得晶瑩剔透，十分好吃，價位平實！吃完飯後可沿著石疊路散步，繞到小徑旁參拜「水掛不動尊」(或稱「不動明王」)，特別是晚上點燈時氣氛甚佳。

4

5

❶排到店門口時，幾乎每個人都會拍這個角度／❷玉製家店內／❸玉製家黃豆粉與紅豆餡口味萩餅／❹法善寺橫丁入口與石疊路／❺湯咖哩豬排飯與自製醬菜

- 大阪市中央區難波 1-1-18
- 06-6213-7585
- 週一11:00～15:00，週二～日11:00～20:00，賣完為止
- 800日幣起，點餐後在座位上先付款結帳，只收現金
- 大阪地鐵「御堂筋線」「難波站」14號出口，步行5分
- 1～1.5小時
- MAP P.83

浪速區・日常

高級食パン 嵜本 大阪初號本店

SAKImoto bakery

迅速竄紅的難波高級吐司專賣店

近幾年吐司專賣店崛起，大阪還有另外兩家知名度很高的高級吐司專賣店，分別是本店在大阪上本町的「乃が美」，與本店在鶴橋站周邊的「Le BRESSO」。

「嵜本」開店後迅速竄紅，大阪市區街上的提袋率頗高的「高級食パン 嵜本」，標榜不加奶、蛋的吐司，當初是愛女心切，想開發可讓小孩安心食用的吐司。最經典的「極美」吐司，每天有3個時段可買到現做出爐的產品，分別是11:00、13:00、15:00。不想買整條吐司的話，店裡有切片包裝的選擇，而且陸續開發週間限定款口味，在你吃膩之前，老闆又開發新款。本店位置在難波商場「Namba City」對面路口巷子裡，展店迅速，大阪北區茶屋町店、天王寺區阿倍野，甚至鹿兒島都有分店了。

1

- 大阪市浪速區難波中2 3-18
- 06-6634-6800
- 11:00～19:00
- 280日幣起
- 「南海難波站」旁Namba City南館，東出入口1，步行2分
- 0.5～1小時，視當天排隊人潮而定
- shokupan-sakimoto.com
- P.83

浪速區・日常

& jam 果醬專賣店

& jam (ジャム専門店)

有內用區，可自選多種果醬配吐司

SAKImoto bakery(高級食パン嵜本)大阪創始店斜對面，有間風格與吐司專賣店相似的果醬專賣店「& jam」。這裡提供內用座位，加價選擇喜愛的果醬口味，吃完後再決定要不要把果醬買回家。最推薦淡路島牛奶與北海道生奶油搭配的鹹味奶油，香濃與恰好的鹹味，入口即化的口感，一試難忘。

❶SAKImoto bakery店外立牌寫著吐司出爐時間／❷&jam 有內用座位，可加購自選果醬口味，一次享受多重口味／❸❹&jam店面風格

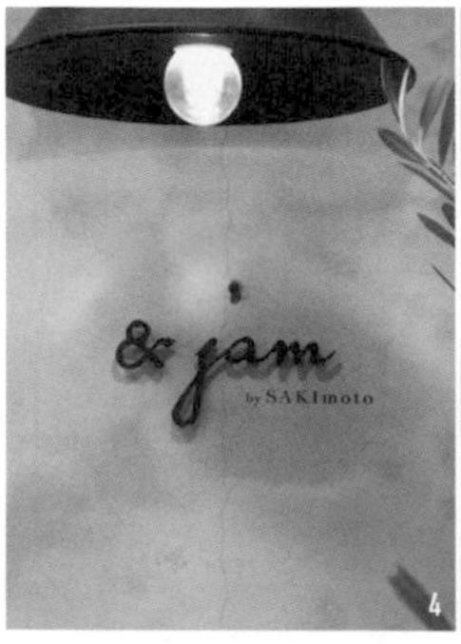

4

3

2

- 大阪市浪速區難波中2-2-6
- 06-6634-6600
- 平日08:00～19:00，週末與國定假日07:30～19:00
- 500日幣起
- 「南海難波站」旁Namba City南館，東出入口1，步行2分
- 1～1.5小時
- shokupan-sakimoto.com
- P.83

浪速區・日常

大阪高島屋

Takashimaya Osaka Store

一次買齊日本與歐洲好貨

「高島屋」1831年創業於京都，現在總公司與大阪高島屋在同一棟建築。高島屋大阪店則是1898年開業，最初地點在心齋橋；後來因為大阪進行「都市大改造計畫」，高島屋決定將大阪店遷移到現在的位置，成為與大阪南區轉運站「南海難波站」共構的百貨公司。

- 大阪市中央區難波5丁目1-5
- 06-6631-1101
- 10:00～20:00，週五、六營業至20:30，1/1公休
- 大阪地鐵「御堂筋線」、「千日前線」「難波站」1～10號出口，步行5分內，「南海難波站」直結
- 1～2.5小時
- www.takashimaya.co.jp/osaka
- MAP P.83

大阪高島屋，也常被稱為難波高島屋

仙太郎 京都和菓子店

「仙太郎」配合二十四節氣的生和菓子，每樣都值得一試。其中，皮薄脆、紅豆餡飽滿的「ご存じ最中」是明星商品。打開包裝馬上香氣撲鼻，單個分量有90克的丹波大納言紅豆餡，菓子甜味來自使用北海道產甜菜做成的砂糖，無添加物，賞味期限3天，單個售價260日幣。

①／②

たねや 近江八幡和菓子名店

「たねや」在滋賀縣的旗艦店建築宛如童話故事般夢幻，無法去一趟旗艦店的話，在大阪的百貨公司也能輕鬆購買。「たねや」季節生菓子的包裝設計保有日本傳統元素，同時又能添上現代或童趣。外包裝有特色，和菓子甜度控制得宜，不膩口，送禮既大方又可口，櫃上經常可看到埋首寫宅配單的客人。長銷商品如「末廣饅頭」，饅頭外皮揉入沖繩縣產黑糖，簡單雅致，推薦購買。

③／④／⑤

茅乃舍

福岡自然無添加高湯包

茅乃舍是做菜、煮湯的好幫手。使用日本國內食材製成，主打無添加物，高湯包除了提升湯頭鮮甜、滋味加分，還可當成炒菜用調味料。店裡的每樣湯頭均提供試喝，很有誠意。

6／7／8

一保堂

京都日本茶專賣店

「一保堂」的名氣不需多做介紹，其中「宇治清水」是已經加入砂糖的抹茶商品，抹茶清香與剛好的甜度，冷飲、熱飲都好喝，使用起來方便。一包324日幣。

9

味味香

把京都的咖哩烏龍麵打包帶回家

創業於1969年，在京都祇園從攤販起家的「味味香」，除了到實體店面享用，大阪高島屋還可買到即食麵「京のカレーうどん」，內附的咖哩粉調味包，有著日式口味的溫醇，加入牛肉片或海鮮好對味！一包368日幣。

10

VAN HOUTEN COCOA

荷蘭老牌可可粉

鐵罐裝的100g可可粉，售價465日幣，依照自己的喜好加入開水、砂糖、牛奶，一杯市售熱可可無可匹敵的「可可特調」即可完成。買來送朋友，連朋友的小孩都愛上了。

11

都市高樓群裡的美麗空中庭園
建築設計別具特色的難波大型購物商場

帕克斯花園

Namba Parks

南海難波站旁的綠建築

圓潤流線型建築設計

與南海難波站直結的百貨商場，除了「大阪高島屋」，另一邊的「Namba Parks」也很好逛。這塊偌大的土地是「大阪球場」舊址，日本職業棒球比賽球場。後來改建為購物商場，於2007年完工。負責建築設計的是美國建築大師Jon Jerde先生，東京「六本木Hills」也是他的建築設計作品。商場的公共空間與建築的流線造型，搭配每層樓的綠色植栽，站在廣場前面遠望，連建築也像是在呼吸，是難波高樓群中最舒服的存在。

日系與歐洲品牌為主的購物空間

「Namba Parks」進駐的品牌以日系品牌、日本選物店，與歐洲設計師品牌為主。屹立不搖品牌如：Paul Smith、Urban Research DOORS、A.P.C.、STUDIOUS、UNITED ARROWS、Bshop、marimekko，3樓還有相當受歡迎的蛋糕店HARBS。2樓有連鎖咖啡店Starbucks、個人很喜愛的義式咖啡店ANTICO CAFFÈ AL AVIS，座位多、店內的歐風裝潢有異國情調，除了咖啡，尤其推薦菠菜培根三明治與奶油泡芙。

❶❷Namba Parks建築，值得細細品味／❸❹Namba Parks聖誕節的夜晚情調／❺❻Parks Garden的植物會隨著季節更換

曾票選為全球最美十大空中庭園的「Parks Garden」

「Namba Parks」商場靠近南海難波站月台方向，有階梯可以通往「Parks Garden」，自由參觀。每層樓戶外種植的花草會根據季節而調整，由專業的園丁細心照顧，登高望遠，可以從這個都市中的祕境俯瞰大阪市南區風景。商場在戶外區域也規畫了餐廳，置身都市中用餐還能有自然景觀相伴，非常放鬆。

- ✉ 大阪市浪速區難波中2-10-70
- ☎ 06-6644-7100
- ◷ 購物11:00～21:00，餐廳與電影院營業時間各異
- ➡ 「南海難波站」中央口直結
- ⏳ 1～2.5小時
- http www.nambaparks.com
- MAP P.83

大阪市西區任一個公園，
俯拾即是的季節風景

慵懶行程、潮流文青

「靭本町」野餐散步、「新町」風格小店多、「南堀江」聚集潮牌服飾、「北堀江」享美食

靭本町「靭公園」有網球場、玫瑰園，隔壁的「新町」巷弄間有許多深藏不露的餐廳、咖啡，過條大馬路「長堀通」就能到對面潮流聚集區「堀江區」。曾經是大阪「家具店街」、繁華一時的「堀江區」，沒落後由新型態家具家飾店、咖啡店、潮牌進駐，傳統家具店所剩無幾，尤其南堀江「Orange Street」是商店密度最高的一條街。

這些區域氛圍悠閒，公園多，是大阪人的育兒人氣區，因此小孩服飾選品店、嬰兒車專賣店「AirBuggy」也選在堀江區開店。若想不趕行程悠悠慢逛，大阪市西區十分合適。

西區
N
TAKAMURA Wine & Coffee Roasters
靭公園玫瑰園
土佐堀通
阪神高速3號神戸線
靭公園
本町通
中央大通
地鐵中央線
阪神高速16號大阪港線
地鐵阿波座站
四つ橋筋
サムハラ神社
新なにわ筋
あみだ池筋
パンとお菓子のセレクトショップべつばら
なにわ筋
地鐵四つ橋線
超級市場Life西大橋店
yobareya curry
新町南公園
地鐵西大橋站
地鐵長堀鶴見線地線
長堀通
Tossa de coração
MONDIAL KAFFEE 328
西長堀站
地鐵四つ橋站
CARL HANSEN & SØN Flagship Store Osaka
堀江公園
Timeless Comfort
unico堀江
Orange Street
BIOTOP OSAKA
地鐵千日前線
West Wood Bakers
南堀江公園
地鐵櫻川站

サムハラ神社

「SA-MU-HA-RA」四字的神力

サムハラ神社簡介

大阪地鐵「千日前線」「阿波座站」附近有座小神社，外觀乍看之下沒有太獨特，卻總是有參拜人群。神社招牌上寫著不知如何發音的漢字，圍牆周圍立著刻有企業名的石柱與神蹟的見證，其實這裡是大阪市著名的Power Spot。

「サムハラ」的日文發音是SA-MU-HA-RA，是宇宙萬物的造物三神，宇宙的根源。サムハラ神社是目前世界上唯一祭祀造物三神「サムハラ大神」的神社。原本的神社位於日本岡山縣的山間小鎮，小鎮居民田中富三郎先生參與「甲午戰爭」與「日俄戰爭」，因身帶神社護身符，從戰場平安歸返。身帶護身符的其他士兵們，在第二次世界大戰中，也都平安回家，這座山間神社的靈驗更廣為人所知。在大阪市區資助建造「サムハラ神社」的人，就是田中富三郎先生。

需靠緣分才能入手的「御神環」

「サムハラ神社」最有名的御守是戒指，想要購買的人，可以到神社旁的社務所量戒圍。「御神環」（戒指御守）是手工製作，而且每批到貨的戒指尺寸都不固定，只能耐心等待，不能勉強，一切都是緣分。遇不到的話，應該是大神先給了更需要的人喔。

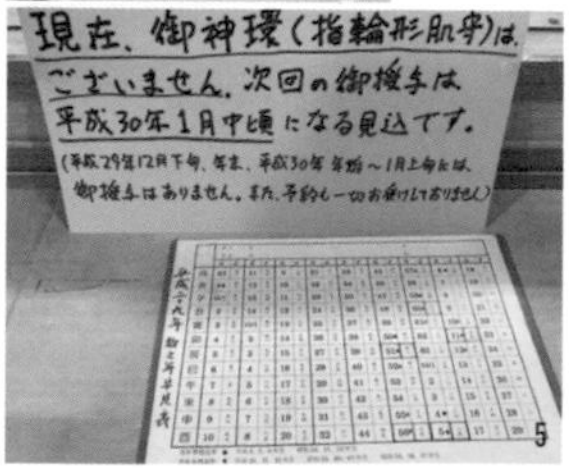

❶神社本殿／❷❸サムハラ神社鳥居，鄰居是大阪府警隊／❹新年1月1日「初詣」的排隊人龍／❺サムハラ神社的「御神環」戒指御守，很難入手

- 大阪市西區立賣堀2-5-26
- 06-6538-2251
- 自由參拜
- 免費
- 大阪地鐵「千日前線」「阿波座站」2號出口，步行6分
- 0.5～1小時
- P.93

西區•日常

靭公園

Utsubo Park

玫瑰園與世界級網球場

世界級規格網球場

由大馬路「なにわ筋」劃分成東、西兩區的靭公園。西邊是西日本國際比賽規格的網球場地，共有16個網球場。2018年美國網球公開賽贏得大滿貫的第一位日本人大坂直美(Naomi Osaka)，小時候也曾在此練球。

獲得「世界玫瑰會議」肯定的玫瑰花園

2006年的「世界玫瑰會議」(World Rose Convention)在大阪市舉辦，靭公園裡有紀念碑留念。這個組織目前共有40幾個國家加入，每3年舉辦一次國際會議。與大阪最老的公園「中之島公園」不同的是，靭公園玫瑰園設計的地形高低起伏更明顯，而且有親水設施，假日經常有家庭在草皮上野餐玩水。玫瑰花園旁的公園種植的櫸樹參天高，樹葉隨著季節而變化，非常美麗。大馬路「なにわ筋」的路樹是銀杏樹，秋天時，走在人行道就能欣賞金黃色銀杏樹。公園兩旁有好幾家咖啡店、餐廳、服飾店，氣氛寧靜悠閒。

- 大阪市西區靭本町2-1-4
- 06-6941-1144
- 24小時
- 免費參觀
- 大阪地鐵「四橋線」「四橋站」1-A號出口，步行6分
- 1～1.5小時
- www.osakapark.osgf.or.jp/utsubo
- P93

1

2

3

4

❶靭公園的網球場一景／❷把靭公園分隔成東西兩半的大馬路「なにわ筋」，路樹是銀杏樹／❸靭公園東邊的玫瑰園／❹靭公園旁邊的日式Cafe「CHASHITSU」

TAKAMURA WINE & COFFEE ROASTERS

大阪酒類與咖啡專門店

品酒人士與咖啡愛好者的天堂

在網購通路「樂天市場」販售酒類起家的「TAKAMURA Wine & Coffee Roasters」，備受客人愛戴，在2013年決定開設實體店鋪，增設咖啡販售。走進這家店就像來到一間大倉庫，酒類選擇大概有2,200種，分門別類羅列在架上。1樓提供酒類付費試飲機，自助式付款，再選張喜歡的沙發坐著慢慢品嘗。龐大酒類專賣區的另一邊，是規模不小的咖啡豆焙煎區與吧台，轟隆轟隆運作著的咖啡豆煎焙機，讓室內滿室芳香。以販售單品咖啡為主，內用一杯只要250日幣起跳，1樓也有販售咖啡豆或濾掛式咖啡。值得一提的是，店裡使用的咖啡焙煎機器很高檔，據說全日本大概只有10台一樣的機型，別忘了看那台厲害的焙煎機器一眼。

2樓的內用區非常舒適

2樓有一半的區域是規矩地擺放著投影機與桌椅的商務區，上班族會來這裡喝咖啡、開會。另一半空間則擺上多張不同造型的沙發，這區的客人多半邊喝咖啡、邊聊天或是慵懶地窩在沙發上滑手機。從2樓正中間俯視店內，有一陣子在社群網站上很流行這個拍攝角度。

- 大阪市西區江戶堀2丁目2-18
- 06-6443-3519
- 11:00～19:30，週三公休
- 250日幣起
- 大阪地鐵「四橋線」「肥後橋站」2號出口，步行10分，從「靭公園」散步過來約6分
- 1～2小時
- takamuranet.com
- P.93

❶從2樓望去的店內風景／❷2樓內用區空間／❸TAKAMURA WINE & COFFEE ROASTERS 店外觀／❹1樓的酒類專區一角與咖啡吧台

西區・日常

パンとお菓子のセレクトショップべつばら

嚴選日本食品與季節水果刨冰

使用日本當令水果製作刨冰

「べつばら」（日文發音：be-tsu-ba-ra），語意是「另一個胃」。3～10月販售使用當令水果製作的刨冰，店面與店外招牌都小，不論氣溫幾度，知道門路的客人總是讓店裡客滿，現在生意太好，改成登記制。先在店外黃色簿子登記時段，時間到再返回候位。從新鮮草莓、香甜多汁水蜜桃，到口齒留香的麝香葡萄，吃過至今難忘。還有自家製作的煉乳，常有客人吃到要求再追加。

❶酸甜清香的草莓刨冰／❷麝香葡萄刨冰，吃完口齒留香／❸「べつばら」店面外觀／❹生意太好，「べつばら」已改成登記制／❺從「toris 3」進貨的麵包，總是很快就被掃完

小型食品選物店

「べつばら」與大阪平野區的超人氣麵包店「trois 3」合作，每天進貨餅乾與各式鹹甜麵包，不需大老遠去平野區，這裡也買得到。下午造訪店裡，麵包已所剩不多，若想要有更多選擇，建議中午前趁早前往。此外，這裡也販售從日本各地嚴選的果醬、花生醬。店內雖然空間有限，老闆充分利用每個空間。

- 大阪市西區新町2丁目17-3
- 06-6531-3171
- 11:00～17:30，刨冰時段13:00～17:30，賣完為止；週一、日公休，有時會臨時休業，請確認Facebook或Instagram
- 刨冰650日幣起，麵包140日幣起
- 大阪地鐵「長堀鶴見綠地線」「西大橋站」1號出口，步行5分
- 1～1.5小時
- Facebook或Instagram搜尋「betsubara」
- P.93

西區・日常

yobareya curry

型男主廚的創意香料咖哩店

個人覺得這家店充滿著衝突，外觀像是童話故事會出現的房子，只有店外牆上方霓虹燈的「curry」字樣可辨別這是一家咖哩店。店內天花板與地上任由植物生長，主廚與店員是酷酷的型男，咖哩看起來是溫和偏甜的口味，吃起來卻是香料在口中跳舞的微辣口感，擠上檸檬片可增添清香。最喜歡加上起司與酪梨，中和辣度又健康。店裡燈光昏黃，桌距很近，每個人都專注在眼前的那盤咖哩飯。吧台擺放一排齊全的香料，菜單還有辣度更高的選擇，喜歡吃辣的旅人，可以挑戰看看。yobareya curry生意很好，週末假日可能需要排隊，翻桌率算快，大約等待30分鐘就有座位。

- 大阪市西區新町1-31-3
- 06-6543-7008
- 12:00～21:00，週三公休
- 680日幣起
- 大阪地鐵「長崛鶴見綠地線」「西大橋站」2號出口；或大阪地鐵「四橋線」「四橋站」2號出口，步行5分
- 1～1.5小時
- yobareya.com
- P.93

❶店外觀，好像童話小屋／❷最簡單的plain咖哩／❸CARL HANSEN & SØN大阪旗艦店／❹CARL HANSEN & SØN大阪旗艦店的擺設，舒適有質感

西區・日常

CARL HANSEN & SØN Flagship Store Osaka

親身感受北歐設計家具魅力

丹麥百年家具品牌CARL HANSEN & SØN，在西日本的第一間分店，選擇落腳在大阪市著名的家具街，是一棟2層樓的挑高清水模建築。即使坐落的地點低調，櫥窗擺放的經典椅子就是最佳招牌，從大片窗戶看到店裡有質感的擺設，很難不注意其存在。店員非常親切，樂意與客人分享家具、燈飾設計背後的故事。買一件經典不敗的設計家具，先從與店員當朋友開始。

安藤忠雄建築研究所使用的椅子是CARL HANSEN & SØN的「Y Chair」，店裡明顯的位置也展示了安藤忠雄先生為此品牌設計的躺椅「Dream Chair」，外型頗有禪意，結構別出心裁，經過店員介紹，還能試坐這張躺椅。

- 大阪市西區南堀江1-15-22
- 06-6606-9026
- 平日11:00～20:00，週末與假日11:00～19:00，週三公休
- 家飾、配件價格8,000日幣起
- 大阪地鐵「四橋線」「四橋站」5號出口，步行6分
- 1～1.5小時
- www.carlhansen.jp
- P.93

西區・日常

Timeless Comfort

廚具控的天堂

「Timeless Comfort」對面是日本服飾品牌「Urban Research」。1樓主打廚具用品、廚房小家電、咖啡用具，還有日本「柳宗理」、「BALMUDA」小家電、法國鑄鐵鍋「staub」、德國「雙人牌」(Zwilling)、日本作家陶藝杯盤等，品項豐富；另有一小區販售香氛與浴廁用品。1樓還規畫了內用咖啡區，販售甜點、貝果、漢堡與鹹派。由於吸菸與禁菸區只用座位位置分隔，沒有隔間，對煙味敏感的旅人選擇座位時要留意。2樓的家具區則是濃烈的美式復古風格。

- 大阪市西區南堀江1-19-26
- 06-6533-8620
- 11:00～20:00，年末年始放假
- 廚具1,000日幣起，咖啡店區400日幣起
- 大阪地鐵「四橋線」「四橋站」5號出口，步行5分
- 1～1.5小時
- www.timelesscomfort.com
- P.93

Timeless Comfort的廚具陳設經常更新

Timeless Comfort店外觀

西區・日常

unico 堀江

日系自然家居風格

unico是日本連鎖家具家飾店，在大阪有南堀江店與梅田LUCUA店。南崛江店是3層樓白色建築，1樓是窗簾、地毯、客廳家具與杯盤小物；2樓以展示臥室與寢具為主；3樓是餐桌樣品擺設。

有段時間家裡需要添購家具或擺設，經常來unico找適合的商品與擺設靈感。unico的仿真空氣植物質感很好，想改變家裡擺設氣氛，從小物開始著手就可以做到，來逛家具的同時也可以找尋自己喜愛的生活方式。

unico崛江店外觀

- 大阪市西區南堀江1-15-28
- 06-4390-6155
- 11:00～20:00
- 1,000日幣起
- 大阪地鐵「四橋線」「四橋站」5號出口，步行5分
- 0.5～1小時
- www.unico-fan.co.jp
- P.93

西區◆日常

BIOTOP OSAKA

集園藝、咖啡、服飾於一體的選品店

心齋橋美國村（アメ村）走過高架橋後，就會看到顯著的「Orange Street」路牌，最近幾年，這區已經演變成潮流品牌聚落。走到這條路後的第一個路口，會看到擺滿各種綠色植物、半開放式吧台座位與打扮有型的店員，老建築改裝的選品店BIOTOP OSAKA。街角經店家用心規畫，營造的氛圍舒適又時髦，路過的人經常會停下腳步拍照。

1樓服飾區有來自世界各地與日本當地的服飾品牌、澳洲有機保養品牌、鞋款等，屬於中高價位，也經常有當紅品牌的Pop-up Shop設置在這裡。一旁的咖啡店賣咖啡、甜食與披薩。另一邊馬路旁有個溫室與植物販售區，每回經過總是會多看幾眼，有些植物比較少見，新奇有趣。

園藝植物販售區與小型溫室

咖啡店的半開放式座位區，很chill，氛圍很時髦

- 大阪市西區南堀江1-16-1
- 06-6531-8223
- 11:00～21:00
- 咖啡店500日幣起，服飾10,000日幣起
- 大阪地鐵「四橋線」「難波站」與近鐵「難波站」26號出口，步行5分
- 1～1.5小時
- www.biotop.jp
- P.93

西區◆日常

WEST WOOD BAKERS

南堀江超人氣Brunch & Bakery

由父親與兩個兒子共同經營的早午餐店，從麵包開始自家製作，早晨來店裡用餐的話，可品嘗從廚房端出來、新鮮出爐的麵包。許多歐美人都知道這家美式早午餐店，店員英文流利。店內木頭質感的內裝、好聽的音樂，來這裡用餐迎接清新的一天，讓人精神抖擻。

不建議週末前來，假日排隊等候需要1小時以上。店裡早午餐菜單試過幾項，漢堡的麵包越嚼越香，漢堡肉與生菜都很新鮮。鬆餅分量大，與煎得香脆的培根搭配，鹹香美味。想要吃得更健康，一碗水果麥片優格飽足感也夠。店裡有兩張舒適的單人沙發，其他是一般桌子座位，遇到離峰時刻可以選擇位子，沙發是首選！

WEST WOOD BAKERS早餐選擇

一杯香濃拿鐵搭配甜甜圈的簡單早餐

- 大阪市西區南堀江1-16-9
- 06-6538-0022
- 09:00～20:00，麵包店區週三、每月第三個週二、12/31～1/2公休
- 麵包150日幣起，內用低消一杯咖啡500日幣起
- 大阪地鐵「四橋線」或近鐵「難波站」26號出口，步行5分，DNP大樓對面馬路
- 1～2小時
- www.westwoodbakers.com
- P.93

西區・日常

Tossa de coração

トッサ・ジ・クラッサン

活用日本高知縣食材的創作料理

Tossa是日本高知縣土佐市的英文拼音，coração是葡萄牙文語意是「心」，店名有使用土佐市的食材，用心製作料理之意。紅色方磚與黑灰色外牆，霧面處理的大窗子為桌邊座位客人保留用餐隱私，店前的黑板寫著每日午餐菜單，LUNCH A與B會每日更換，有一陣子吃上癮了，每週光顧2～3次，品質穩定，餐點總有新意。

擺盤有創意，隨著不同魚類與肉類更換醬汁，隨餐附上用心熬煮不馬虎的例湯、鮮脆生菜與煮得晶亮的白飯，午間套餐980日幣，如此用心，我的心已被收買。現在生意越來越好，吧台座位前就是開放式廚房，廚師們有節奏且分工合作準備每一份餐，外場服務生專業親切，真的好喜歡這間餐廳！

店內有些日式風格的一角

清爽檸檬口味的醬汁，與魚肉很搭

- 大阪市西區北堀江1丁目6-19
- 06-6599-8103
- 午餐11:30～15:00，晚餐17:30～23:00，週三、年末年始公休，有時會連休，請參考官網公告
- 午餐950日幣起
- 大阪地鐵「四橋線」「四橋站」4號出口，步行1分
- 1.5～2小時
- tossa.jp
- P.93

西區・日常

MONDIAL KAFFEE 328

大阪超人氣咖啡店

參與監製大阪北崛江「MONDIAL KAFFEE 328」的其中一人，是京都超紅咖啡店「%Arabica」的世界級咖啡師山口淳一先生，這家店的咖啡師也曾獲得世界盃拉花比賽第三名。高規格的實力擄獲咖啡愛好者，除了來一杯精緻拉花拿鐵，早午餐、甜點與司康也相當受歡迎。

- 大阪市西區北堀江1-6-16
- 06-6585-9955
- 08:30～21:00，1/1公休
- 500日幣起
- 大阪地鐵「四橋線」「四橋站」4號出口，步行3分
- 1～1.5小時
- mondial-kaffee328.com
- P.93

❶❷拿鐵拉花圖案是天鵝／❸MONDIAL KAFFEE 328北堀江本店

6 天王寺區 阿倍野區 新世界

佛寺最密集，一睹日本最高樓

日本第一高樓阿倍野HARUKAS倒映在慶澤園池中的美麗畫面

「天王寺」與「阿倍野」購物看夜景、「通天閣」與「新世界」的昭和風情

天王寺區沿著「谷町筋」往「谷町九丁目」方向，沿途大約有80間寺院，是大阪寺院最密集的區域，日本佛教聖地千年古寺「四天王寺」就在這區。由於位置靠近「大阪灣」，可以看到美麗夕陽，與「西方淨土」的佛教信仰意象相符，是為何寺院聚集在此的其中一個說法。此外，大阪地鐵谷町線有一站名「四天王寺前夕陽ヶ丘」，字面即道足地理位置。

日本目前最高大樓「阿倍野HARUKAS」展望台，是另一個造訪這區的理由。登高遠望大阪灣與夕陽景色、清楚看到占地面積是甲子園球場3倍的「四天王寺」全貌、新世界的地標「通天閣」，彷佛就在腳下，白天及夜晚的風景都迷人。

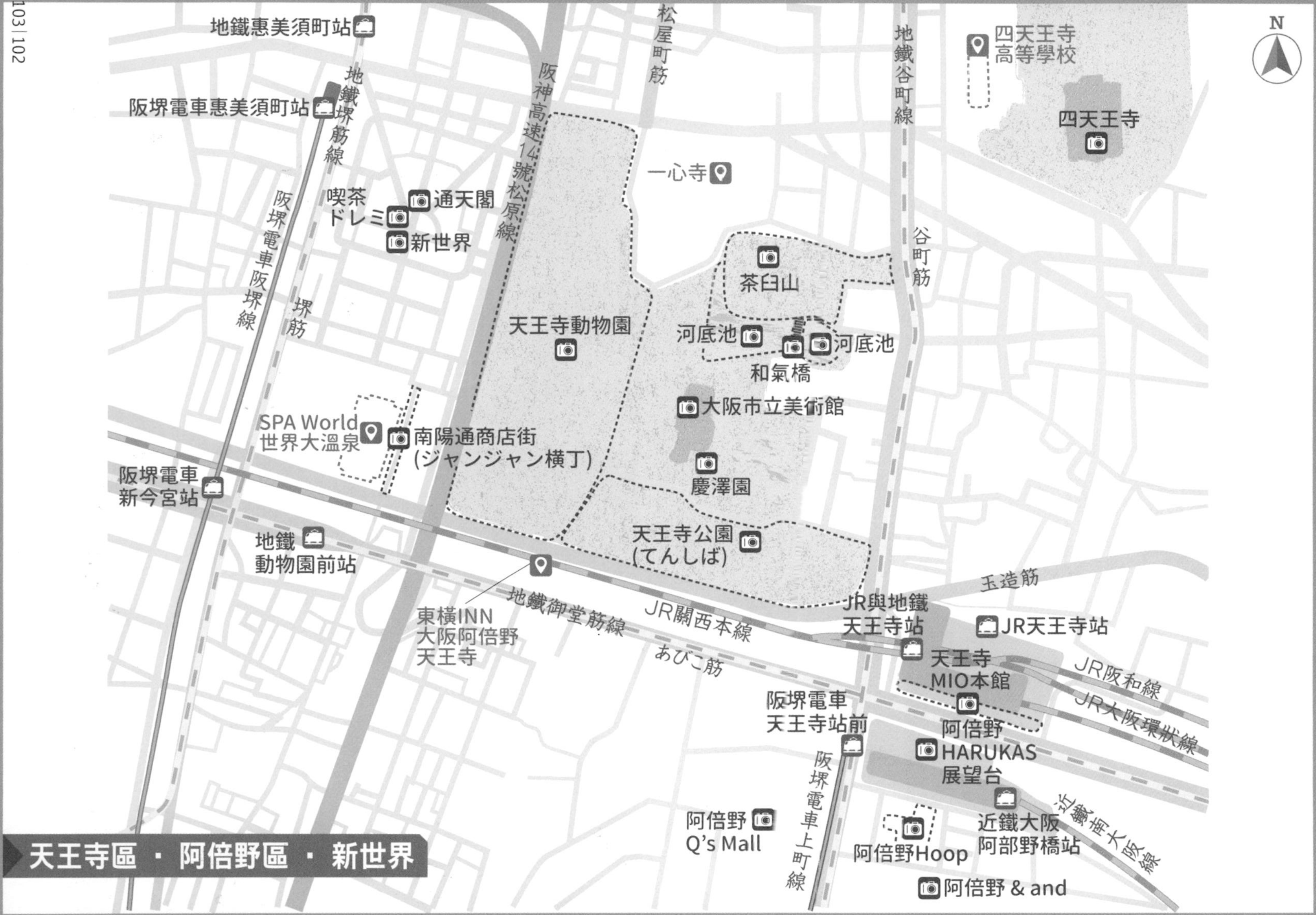
N
天王寺區・阿倍野區・新世界
地鐵惠美須町站
阪堺電車惠美須町站
地鐵堺筋線
阪堺電車阪堺線
堺筋
喫茶
ドレミ
通天閣
新世界
阪神高速14號松原線
松屋町筋
地鐵谷町線
四天王寺
高等學校
四天王寺
一心寺
谷町筋
茶臼山
天王寺動物園
河底池
河底池
和氣橋
大阪市立美術館
慶澤園
SPA World
世界大溫泉
南陽通商店街
(ジャンジャン横丁)
阪堺電車
新今宮站
地鐵
動物園前站
天王寺公園
(てんしば)
東横INN
大阪阿倍野
天王寺
地鐵御堂筋線
JR關西本線
あびこ筋
玉造筋
JR與地鐵
天王寺站
JR天王寺站
天王寺
MIO本館
JR阪和線
JR大阪環狀線
阪堺電車
天王寺站前
阿倍野
HARUKAS
展望台
阪堺電車上町線
近鐵大阪
阿部野橋站
近鐵南大阪線
阿倍野
Q's Mall
阿倍野Hoop
阿倍野 & and

慶澤園
Keitakuen Garden

「林泉回遊式庭園」

慶澤園簡介

完工於1918年（大正7年），由京都著名庭園師小川治兵衛先生打造，他的著名庭園作品還有京都的平安神宮神苑、京都「無鄰菴」。原本是大阪豪商「住友家」的私人庭園，住友家遷宅時，也將慶澤園捐贈給大阪市，現在是「天王寺公園」的一部分。

茶室「長生庵」是觀賞庭園之美的最佳角度

慶澤園的茶室開放民眾免費參觀休息，座位前方180度的玻璃窗，彷彿將庭園美景分割成好幾張照片。從這裡拍攝慶澤園的角度很棒，庭園美景一覽無遺，氛圍靜謐平靜。

「林泉回遊式庭園」的驚喜

踏著飛石、走在小橋上、經過小徑、聽著瀑布水聲，這些都是「林泉回遊式庭園」讓訪客能近距離接觸庭園的魅力。目前日本最高大樓「阿倍野HARUKAS」就在附近，這座摩天大樓的倒影映照在庭園池水中，又是一處經典拍照位置。

- 大阪市天王寺區茶臼山町1-82
- 09:30～17:00，週一公休，12/29～1/1公休
- 每人150日幣，中小學生80日幣，持大阪周遊卡1或2日券免費參觀
- 大阪各線地鐵「天王寺站」21號出口，步行6分
- 0.5～1小時
- www.osakapark.osgf.or.jp/tennoji，設施概要→慶澤園
- MAP P.103

1

2

3

❶慶澤園入口／❷從茶室望去的慶澤園／❸慶澤園提供躺椅，可在這悠哉休息／❹從茶室旁欣賞庭園一隅

天王寺區・經典

大阪市立美術館

Osaka Art Museum

低調的外觀對比華麗的大廳

從1936年（昭和11年）開館至今超過80年的「大阪市立美術館」，原為大阪豪商住友家的別墅，1921年（大正10年）將其與後面的日式庭園「慶澤園」捐給大阪市。主要展示作品是日本、中國與宗教相關的繪畫、雕刻與工藝品，不定期與國外美術館合作策展（特別展），法國羅浮宮珍藏的畫作與雕刻也曾在大阪市立美術館展出。館內的大理石與水晶吊燈，讓空間變的華麗優雅，2樓還有兩扇暖色調的彩繪玻璃，隨著陽光映照到館內，室內色溫更顯溫暖。

- 大阪市天王寺區茶臼山町1-82
- 06-6771-4874
- 09:30～17:00，週一公休，12/28～1/4、展示品更換期間公休
- 一般展每人300日幣、高中生200日幣，特別展票價各異
- 大阪地鐵各線「天王寺站」21號出口，步行7分；或JR「天王寺站」北口，步行9分
- 1～2.5小時
- www.osaka-art-museum.jp
- P.103

大阪市立美術館外觀

美術館大廳的水晶吊燈

天王寺區・經典

茶臼山

Chausuyama

仍是謎團的古蹟

大阪市立美術館旁邊有一處池子，不仔細看很難發現池子旁是一座「山」。這個池子是歷史古蹟「河底池」，標高只有26公尺的「山」是古代戰場「茶臼山」。關於茶臼山真實的故事，至今仍是個謎。有研究推測是5世紀建造的「前方後圓形」古墳，也有一說是西元787年建造運河時，挖掘的泥土堆積在此地，形成一座山。對日本歷史有研究或是打電玩的人，應該對日本戰國時代武將「真田幸村」（真田信繁）與「大坂夏の陣」不陌生。德川家康與其軍隊相戰於此地，德川家康戰勝後在茶臼山山頂慶功，現在山頂中央放置了大阪城所藏的「大坂夏の陣」圖。特別的是，登上這座山可以拿到「茶臼山登頂證明書」，有興趣的人，可到後方的「一心寺」領取證書。

茶臼山、河底池與和氣橋風景

茶臼山標高26公尺

- 大阪市天王寺區茶臼山町1-108(天王寺公園內)
- 06-6771-8401
- 07:00～22:00，若遇颱風可能會封鎖禁制進入
- 免費參觀
- 大阪地鐵各線「天王寺站」21號出口，步行9分；或JR「天王寺站」北口，步行11分
- 0.5小時
- www.osakapark.osgf.or.jp/tennoji，設施概要→茶臼山
- P.103

阿倍野區•經典

阿倍野 HARUKAS 展望台

ハルカス300(展望台)

目前日本最高的大樓建築物

關於阿倍野 HARUKAS

集結世界級飯店品牌 Marriott、商辦、美術館、80年歷史「近鐵百貨」的先進綠色建築，標高300公尺，是目前日本最高的大樓建物。這棟建築的Logo，是3個重疊的四角形，顏色選用的發想來自日本自古以來使用植物製成的紅色系染料色「茜色」，代表阿倍野HARUKAS是大阪最早接受朝陽光輝，沉浸在陽光下最久的建築，「HARUKAS」有溫暖光明的語意。

16樓庭園與17樓視野絕佳咖啡店

雖然16樓只位於整棟樓三分之一的高度(約離地80公尺)，不過從這個高度觀看戶外庭園與市區風景也夠迷人了，而且是免費參觀。一旁手扶梯到17樓，是連鎖咖啡店「CAFFE CIAO PRESSO」，店內氣氛好，店家還很貼心規畫K書專區給需要久坐用功的族群，把靠窗座位留給想要邊喝咖啡邊俯瞰大阪市區的遊客。咖啡與甜點很平價，還有HARUKAS限定款甜點與咖啡可選擇。

58～60樓的展望台空間

從16樓購票後，轉乘高速電梯時，工作人員會親切地要你面對著電梯後面，強調抵達60樓的時間是45秒。隨著電梯內的燈光變化，到60樓電梯門一開時，幾乎所有人的第一個反

應就是「哇～」，高度讓風景變得更壯觀了！58樓是「空中庭園」，半開放空間有餐廳與室內戶外座位、59樓是紀念品販售區「Shop HARUKAS 300」與大頭貼機器、60樓是欣賞景色的主要樓層。建議傍晚前入場，等待夕陽西下與華燈初上的夜景，尤其是秋冬11～3月期間，夜景搭配投影秀，繽紛多彩，讓夜景更有看頭，非常推薦，會不小心就在這個景點待太久！

- 大阪市阿倍野區阿倍野筋1-1-43，58～60F
- 06-6621-0300
- 09:00～22:00，全年無休，但有可能因颱風或天災臨時休館
- 18歲以上：1,500日幣、國高中生：1,200日幣、小學生：700日幣、4～6歲：500日幣
- JR或大阪地鐵各線「天王寺站」直結，搭電梯到16樓購買門票，轉乘高速電梯到60樓展望台
- 1.5～2小時
- www.abenoharukas-300.jp
- P.103

❶60樓夜景／❷16樓的庭園可免費參觀，開放時間是09:00～18:00／❸17樓的咖啡店「CAFFE CIAO PRESSO」視野不錯／❹58樓半開放式空間的座位，冬天還有日式暖桌可選擇／❺❻60樓的展望台，夕陽時刻

天王寺 四大購物商場

天王寺也很好逛！

購物商場「天王寺MIO」、「阿倍野Q's Mall」、「阿倍野Hoop」、「Loft」，都是以地標「阿倍野HARUKAS」為中心，坐落在周圍的商場。利用天王寺車站前大型白色天橋，往返這些地點，不僅可省去等紅綠燈的時間，還可以看到路面電車「阪堺電車」行走其中，豐富街景特色。

串連各個商場與天王寺公園的白色天橋

天王寺Hoop購物商場

阿倍野 Hoop

- 大阪市阿倍野區阿倍野筋 1-2-30
- 06-6626-2500
- 購物11:00～21:00、B1美食街11:00～23:00、B1麥當勞07:00～24:00，2F星巴克 07:00～23:00
- 大阪地鐵「御堂筋線」、「谷町線」「天王寺站」、近鐵「阿倍野橋站」步行2分
- 1～1.5小時
- www.d-kintetsu.co.jp/hoop
- P.103

阿倍野Q's MALL正面有阪堺電車經過

阿倍野 Q's MALL

- 大阪市阿倍野區阿倍野筋 1-6-1
- 06-6556-7000
- 購物10:00～21:00、3樓餐廳10:00～22:00、4樓餐廳11:00～23:00
- 大阪地鐵「御堂筋線」「天王寺站」12號出口步行2分；或JR「天王寺站」南口步行3分
- 1～1.5小時
- qs-mall.jp/abeno
- P.103

JR天王寺站直結商場「天王寺MIO」

天王寺 MIO 本館、Plaza 館

- 大阪市天王寺區悲田院町10-39
- 06-6770-1000
- 本館購物11:00～21:00、餐廳11:00～23:00；Plaza館09:00～22:00、餐廳10:00～23:00
- JR「天王寺站」直結
- 1.5～2小時
- www.tennoji-mio.co.jp
- P.103

& and 商場外觀

阿倍野 & and (Abeno and)

- 大阪市阿倍野區阿倍野筋 2-1-40
- 06-6626-2800
- 購物11:00～21:00
- 大阪地鐵「御堂筋線」、「谷町線」「天王寺站」、近鐵「阿倍野橋站」步行5分
- 1～1.5小時
- www.d-kintetsu.co.jp/and
- P.103

新世界・經典

通天閣

Tsutenkaku Tower

昭和風情新世界

通天閣的歷史簡介

第一代通天閣建於1912年(明治45年)，當時以法國凱旋門與艾菲爾鐵塔為範本，將兩者結合為一，還有紅色的纜車連結通天閣與遊樂園Luna Park(ルナパーク)，簡直是奇幻「新世界」場景。可惜1943年(昭和18年)毀於火災，建材還運輸給二戰使用。現在看到的是第二代建築，建於1956年(昭和31年)，由當地團體集資建設，捍衛這座大阪的精神指標。通天閣與東京鐵塔的建築師同為內藤多仲先生。

通天閣的命名與日立招牌

取名為「通天閣」，意思有通往天上的高聳建築(天に通じる高い建物)，由明治時代的學者藤澤南岳先生命名。對於通天閣的印象，除了建築外型，也很好奇為何掛著HITACHI(日立)的霓虹燈招牌。故事的原由是第二代通天閣建設當下，需要大筆資金，大阪當地團體為了資金缺口奔走，與HITACHI(日立)洽談廣告宣傳合作機會。總部在東京的HITACHI，當時剛好要展開個人家電事業，為了拓展在日本關西地區知名度，與通天閣合作，把招牌放在大阪地標打廣告，招牌每5年會變更設計。知道這段故事後，別忘了多觀察幾眼HITACHI招牌。

- 大阪市浪速區恵美須東1-18-6
- 06-6641-9555
- 09:00～21:00，全年無休
- 高中生以上每人700日幣、5歲～國中生每人400日幣
- 大阪地鐵「堺筋線」「恵美須町站」3號出口，步行3分
- 0.5～1.5小時
- www.tsutenkaku.co.jp
- MAP P.103

❶❷白天的通天閣／❸在新世界的老喫茶店看到第一代的通天閣照片，好像奇幻童話／❹夜晚的通天閣，LED燈顏色更添風情

喫茶ドレミ

Doremi

通天閣旁營業半世紀的昭和喫茶店

「喫茶ドレミ」位置在「通天閣」正下方，昭和43年(1968年)營業至今已半個世紀。裝潢復古，從天花板的崁燈、吧台的設計，都可見一斑。日本幾乎所有喫茶店都允許抽菸，不會分隔禁菸區，在意菸味的旅人請留意。新世界有很多喫茶店老店，追尋復古風格咖啡店的年輕人，也會造訪體驗。

12月寒風冷冽，冬陽照在店內每個座位，再加上暖氣的放送，整個屋子暖烘烘。「喫茶店」的客人，多半是當地的熟面孔，看著老闆與熟客的噓寒問暖，有份時下咖啡店較少見的人情味與情感。咖啡、甜點、三明治、咖哩飯都在菜單供應範圍，點了一份經典的「熱蛋糕」(ホットケーキ)，現點現做需要等20分鐘。不是想像中鬆軟的口感，吃起來與古早味大餅有些相似，加上糖漿或是抹上不甜膩的奶油一起入口，一下子就把2塊像厚鬆餅的蛋糕吃完了。

- 大阪市浪速區恵比須東1 18 8
- 06-6643-6076
- 08:00～23:00，全年無休
- 500日幣起
- 地鐵「恵美須町站」3號出口，步行4分
- 1～1.5小時
- MAP P.103

❶「喫茶ドレミ」的復古綠色條紋遮雨棚／❷店內紅色皮椅與大理石桌／❸喜歡觀察喫茶店外面的食物模型，從這裡開始就懷舊感十足／❹熱蛋糕(ホットケーキ)一份650日幣

新世界・日常

新世界

探訪昭和復古與大阪B級美食

有趣的誇張招牌

以通天閣為中心，向四周放射狀的幾條商店街中，最熱鬧的就是「新世界」。用色大膽、巨大誇張，或是連續圖案的各家餐廳招牌，風格明確，令人印象深刻。遊客人潮不如道頓堀，好處是能放慢步調欣賞沿路的「異國情調」與拍照。其中想特別一提的是，外型金光閃閃的幸運之神（幸運の神様）「BILLKEN」，設計者是一位美國藝術家，據說摸了幸運之神的腳底，會帶來好運。

復古的遊戲間

在新世界可以找到幾間懷舊遊戲間，某些年代的人才會明白的遊戲台、彈珠台，還有像台灣夜市會出現的射擊遊戲。有的彈珠台店因為是賭博性質，未成年禁止進入。

密集的串炸店與昭和風情「南陽通商店街」

新世界的巷子有很多串炸店（串カツ），人氣店家無論用餐時間與否都是高朋滿座。其中一條巷子藏了昭和懷舊商店街「南陽通商店街」，大阪人也稱為「ジャンジャン横丁」，取名來自以前店家用「三味線」、「太鼓」招攬客人，樂器的聲音。這條不到200公尺的商店街十分熱鬧，立食居酒屋、有名的串炸店「八重勝」、壽司店、喫茶店、圍棋與將棋社團都有，是在地人的聚集區。

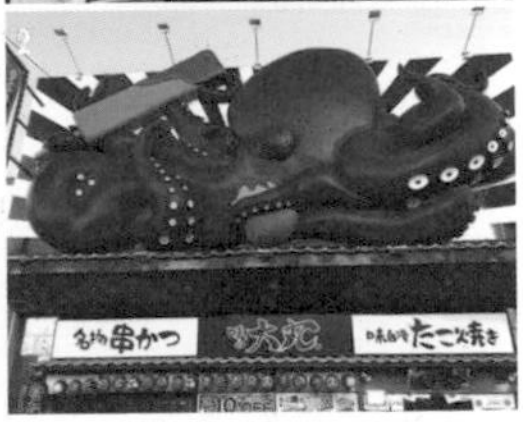

❶❷❸新世界的誇張招牌／❹「南陽通商店街」有幾家氣氛好的關東煮立食店／❺有名的串炸店「八重勝」／❻穿著阪神虎球衣的幸運之神「BILLKEN」／❼新世界找到的遊戲間，是否勾起你的回憶？

從大阪出發的一日遊

京都、奈良與神戶三大城市之外，與大阪市相鄰的地方城市也值得一訪。

本章節介紹的景點或許有些「冷門」，但造訪多次，被這些小城市的純樸魅力吸引，介紹給對這樣的旅行型態有興趣的旅人。利用的鐵道交通工具有路面電車「阪堺電車」、關西各私鐵「近鐵」、「阪急電鐵」、「南海電鐵」與大阪單軌電車「モノレール」。

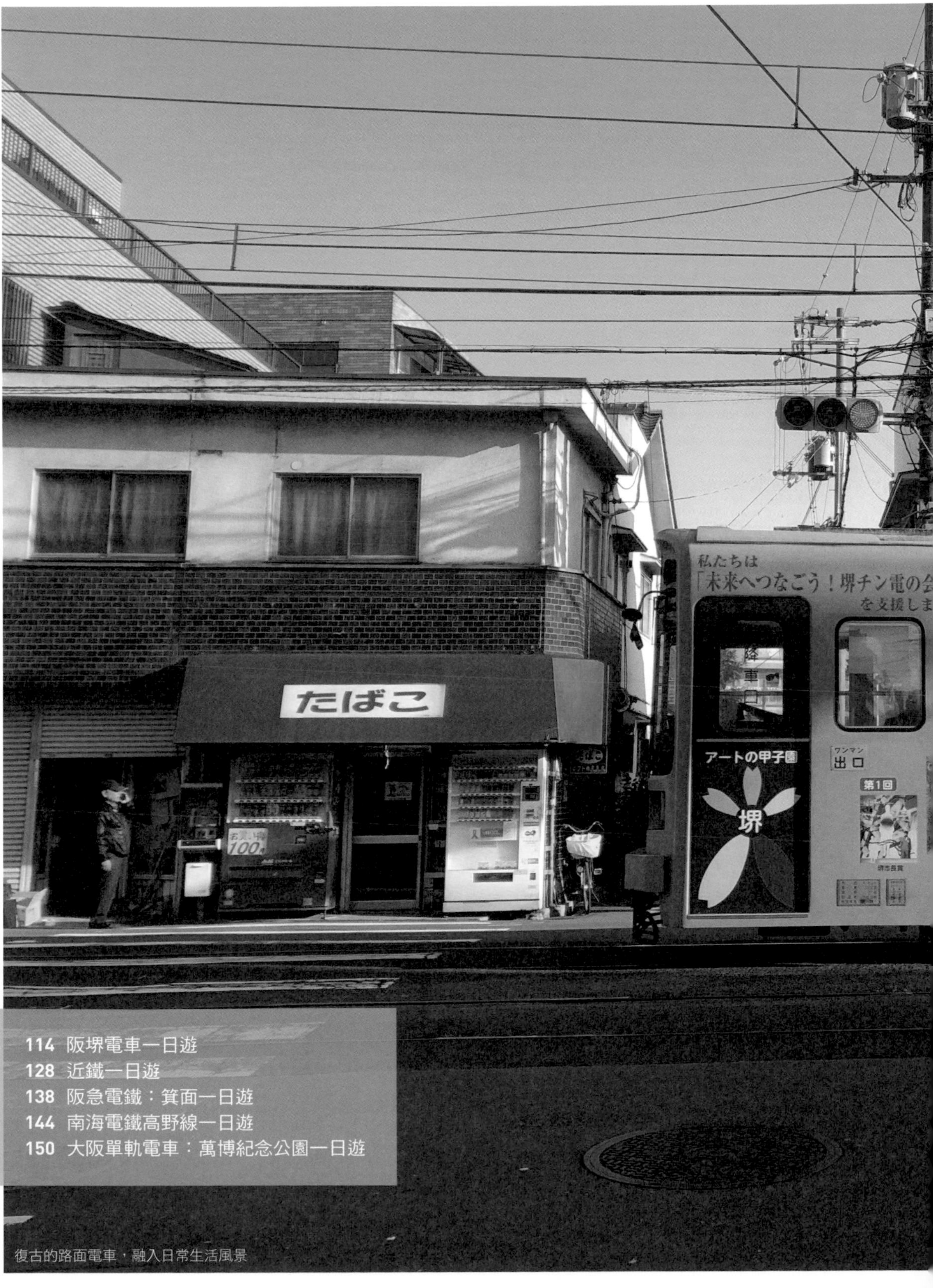

復古的路面電車，融入日常生活風景

接下頁

阪堺電車一日遊

路面電車的沿線歷史與日常

直接跟電車駕駛員購買一日券「TAKE TAKE」（てくてくきっぷ），一張600日幣，以「刮刮樂」的形式，在哪天搭車就刮下那個日期，一張票限用一日；或是使用大阪「ICOCA卡」、東京「SUICA卡」，單趟一律210日幣。

現在的阪堺電車由「南海電鐵」100%所有，曾經因為道路交通日趨發達，使路面電車路線險些有廢業的危機；在企業的努力下存在至今，讓沿線路面交通樣貌，多了一分復古懷舊。

阪堺電車一日券

[阪堺電車]

明治 44 年 (1911 年) 開業，已行駛超過百年的阪堺電車，是串連也是見證大阪市與堺市發展歷史的路面電車。搭乘路面電車，上下車時會聽到列車駕駛鳴警笛，作為喚起注意的功能，「チンチン (chin-chin)」是鳴警笛的擬聲詞，所以，路面電車也稱為「チンチン電車」。阪堺電車分成兩條路線「阪堺線」、「上町線」這次介紹的景點是「阪堺線」沿線風光。

http 阪堺電車：www.hankai.co.jp

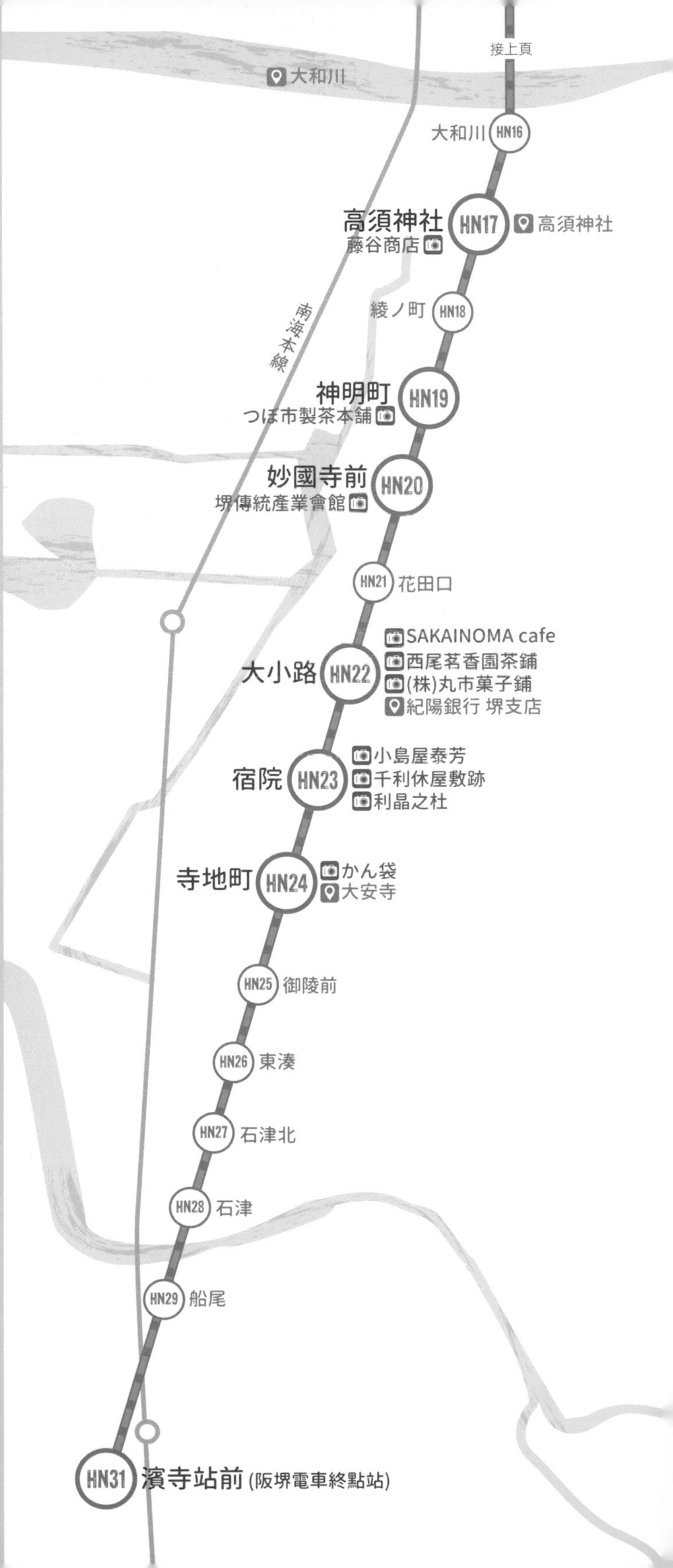

1

阪堺電車‧住吉站

住吉大社

Sumiyoshitaisha

日本全國2,300座住吉神社的總本社

住吉大社歷史

西元211年創建至今超過1,800年歷史的住吉大社，在古代是「遣唐使」的航海守護神代表。

住吉大社共有4座本宮，敬奉的神明（祭神）為「住吉三神」與「神功皇后」。建築樣式稱為「住吉造」，是日本神社建築史上最古老的樣式之一，已是日本指定國寶，現在的建築是江戶時代1810年建造的。神社境內除了有多棵神木，最大特色是四周高聳的松樹。巫女們的頭飾有松樹葉裝飾，據說松樹葉是提升金錢運的吉祥物。這裡也是大阪著名的Power Spot，昭和天皇陛下與皇后陛下曾到此參拜，住吉大社鳥居旁還設立參拜紀念碑。許多大阪人在每年跨年與新年首次參拜神社，選在這裡迎接新的一年。

走過「反橋」消災解厄

走進住吉大社之前，要先通過一座木製橋「反橋」。走過這段橋有消災解厄之意，日文稱為「お祓い」。橋面最大傾斜角度約48度，尤其在下坡路段，一定要踏好腳步。大阪出身的諾貝爾文學獎得主作家川端康成先生，於《反橋》中也提到走這座橋戰戰兢兢的過程。

神兔與住吉大社

「第四本宮」前方有座翡翠石造的「住吉神兔」，參拜後撫摸神兔全身可祈願無病息災。住吉大社創建（鎮座）吉日為「辛卯年卯月卯日」，十二地支的「卯」是兔子，因此住吉大社把兔當作神明敬奉。「反橋」旁的手水舍中也有石造的神兔。

尋找「五大力」祈求心想事成

第一本宮旁有一區「五所御前」，走近一看有不少人圍著找石頭。大家在找的是分別寫著「五」、「大」、「力」三字的小石頭，只要能找到五大力3個字並且裝入專用御守袋，願望就有實現的可能。心願達成後，還願的方式是在神社附近找小石頭，懷著感恩之心分別寫上「五」、「大」、「力」三字，再加上3顆沒有寫字的石頭，「加倍奉還」給住吉大社。相傳「五所御前」在約1,800年前，是住吉大社創建之時最初用來祭祀神的地點，此區是非常神聖的地方，請尋找「五大力」小石頭前，請先遵循指示到後方洗淨雙手。

6

7

- 大阪市住吉區住吉2丁目9-89
- 06-6672-0753
- 4～9月06:00～17:00，10～3月06:30～17:00
- 免費參觀
- 阪堺電車「住吉站」步行1分；或「住吉鳥居前站」步行30秒
- 1～2小時
- www.sumiyoshitaisha.net
- MAP P.114

❶「住吉造」是日本神社建築史上最古老的樣式之一，已列為國寶／❷住吉大社的神兔，有許多民眾參拜／❸最大傾斜角度48度的反橋／❹住吉大社「反橋」旁的手水舍，噴水的是「神兔」／❺撿拾「誕生石」神木旁的小石頭，可作為安產御守／❻住吉大社境內有許多參天松樹／❼五大力御守／❽陰天也可拍到反橋的清楚倒影

3

2

8

5

4

阪堺電車・住吉站

いづもや

紀州備長炭烤，關西風鰻魚飯

關西風鰻魚飯

關於日本關東與關西地區的「比較」，有說不完的故事，蒲燒鰻魚的作法就是其中一項。鰻魚開背去頭，先蒸後烤是關東風格。關西則是開腹不去魚頭，整條鰻魚直接炭火烤。「いづもや」老闆說「開腹」會聯想到江戶時代武士「切腹」，所以關東地區殺鰻魚不開腹。烤鰻魚的火候掌握很關鍵，要是沒有好的技術，鰻魚皮會像橡皮筋一樣難嚼。

店裡遵循第一代的作法至今，使用價格偏高的紀州備長炭烤鰻魚，醬汁不過甜、不過重，吃得到鰻魚本身風味。記得撒上山椒粉，撲鼻的清香與入口的椒麻感，與鰻魚實在太搭。鰻魚飯價位從500～2,000日幣都有，飯量相同，價位越高鰻魚放越多，可以吃得更過癮！鰻魚的價格年年攀升，いづもや的定價非常有誠意。

菜單種類簡潔 每項必點

店外觀維持古樸日式老建物的樣貌，門口的暖簾之前年久破損，第一次造訪時還懷疑是否真的有營業；鼓起勇氣拉開門後，店內坐滿聞香而來的客人。幾乎每桌客人都會加點高湯蛋捲（だし巻き）與一碗湯（お吸い物）。高湯蛋捲是點餐後開始製作，口感綿嫩，蛋香四溢，每回必點！

走進70年老店 像穿越時空

除了美味的食物，店裡各個角落的擺設、桌椅、天花板、地板，都是用裝潢無法重現的年代感，沒有因為時代的演變，而改成現代化的內裝。保持原貌，低調認真地提供好吃的鰻魚飯，還有老闆娘親切問候與道別的溫暖人情，讓人印象深刻。

- 大阪市住吉區東粉濱3-29-1
- 06-6671-2768
- 11:30～賣完為止，週三公休
- 500日幣起
- 阪堺電車「住吉站」下車，步行30秒
- 1～1.5小時
- MAP P.114

❶到住吉大社參拜前，一定會先來吃一碗いづもや鰻魚飯／❷換上新的暖簾迎接客人／❸店內很有時代感

阪堺電車・高須神社站

藤谷商店

Fujitanishoten

日式百年老屋mix歐洲設計家具

藤谷商店屋外的招牌寫著「塑膠、特殊鋼」，是老闆堺市老家原本的事業。有次他與義大利友人在米蘭的巷子看到老屋與現代家具結合的選品店，興起了將老家改造的念頭，想不到成果大受喜愛。

沒有明顯招牌，靠的是設計圈人士的口耳相傳，經營已有5年。在藤谷商店總能看到稀少的商品，設計界的人士會來店裡與老闆一同鑑賞經典家具、燈具。就算叫不出每件設計家具的全名，也會發現店內的經典選物眾多。老闆很願意與客人侃侃而談每件設計背後的故事，總是聽到入神、待到天黑。

雖然很多家具都價值不菲，擺放在日式老屋內卻有種融入生活的日常感，逛起來不會被「高級」壓迫。高單價設計家具放在一般家中，就不是高不可攀，而是生活的一部分。這件事是我在「藤谷商店」看到，與老闆聊天時體會到的。除了歐洲設計家具家飾，老闆人脈廣闊，店內經常有日本或歐美藝術家作品展出。擺設樣貌時常更換，每次都有新發現。喜愛設計與家具的旅人，這家店絕對值得一訪。

- 大阪府堺市堺區櫻之町東1-1-13
- 老闆的手機：090-3288-4657
- 13:00～19:00，週五、六、日與國定假日營業，平日採預約制
- 3,000日幣起
- 阪堺電車「高須神社站」，步行3分
- 1～2小時
- Facebook或Instagram搜尋「藤谷商店」
- MAP P.115

❶藤谷商店外觀／❷❸經典款家具與家飾在日式老屋中多了一份親切感／❹用色鮮明活潑的椅子／❺藤谷商店經常展出藝術家作品

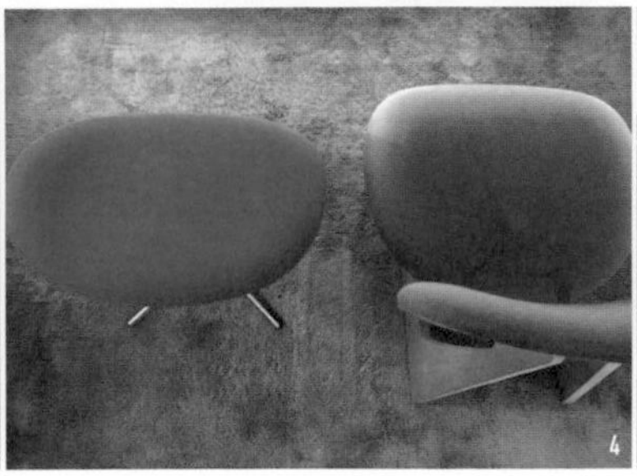

「紀州街道」160年茶行，附設茶寮Cafe超人氣

阪堺電車◆神明町站

つぼ市製茶本舗

Tsuboichi Seicha

抹茶迷不容錯過的堺市老茶行

第一次造訪茶鋪是炎炎夏日8月天，為了一碗抹茶刨冰的魅力。一進店內被出乎意料的排隊人潮嚇到，差點打退堂鼓，最後花了2個半小時等待，才吃到傳說中的刨冰。有次不甘心在平日再訪，結果排隊客人一樣多。

夏季7月與8月茶寮不接受訂位，想吃使用高品質冰塊與堺市出產的刨冰刀削製的冰品，只能現場有毅力地候位；由於100%高級宇治抹茶的魅力，很多日本人仍心甘情願等待。2018年在大阪難波購物商場「SkyO」開設第一家分店，仍是高朋滿座。夏天以外的季節，平日就不需排隊。

茶寮的菜單品項豐富，常有創新，冬天造訪時曾試過南瓜與栗子製作的菓子，呈現食物原本的鮮甜，無添加物，非常新鮮。茶寮是經過翻新的日式老房，只有兩張桌子靠窗可欣賞簡單的日式庭園。茶商品販售區選擇多樣，玉露、煎茶、玄米茶與抹茶冰淇淋都有販售，包裝簡單大方，是挑選伴手禮的好選擇。

- 大阪府堺市堺區九間町東1丁1-2
- 072-227-7809
- 茶鋪10:30～18:00，喫茶Cafe 11:00～18:00，週二、新年(年末年始)公休
- 800日幣起
- 阪堺電車「神明町站」，步行10秒
- 1～2小時
- www.tsuboichi.co.jp
- P.115

❶つぼ市製茶本舗的綠色暖簾／❷入口這塊木製招牌在戰爭空襲下僅存，是店裡的精神指標／❸茶寮內用區，熱門的靠窗座位／❹つぼ市製茶本舗外觀，店門前的路是古道「紀州街道」／❺只有食物自然的甜味，無添加物的菓子／❻抹茶與抹茶點心／❼夏季明星商品，抹茶刨冰

阪堺電車•妙國寺前站

堺傳統產業會館

Sakai City Traditional Crafts Museum

用心經營傳播堺市的美好

堺市的名物「菜刀」

從阪堺電車「妙國寺前站」下車後，就會看到馬路對面一棟翻新過的日式兩層樓建築，2樓牆面外掛了一把巨型菜刀當招牌，這裡是「堺傳統產業會館」。堺市製作的菜刀相當出名，日本許多料理職人指名使用，甚至外國廚師都慕名前來堺市選購。2樓設置刀具博物館，展示各種用途的菜刀、刀具、剪刀，也提供販售。頗負盛名的堺市刀具鍛冶技術，要追溯至5世紀，當時為了製作建造古墳的工具，開始發展鍛冶技術。16世紀葡萄牙將菸草輸入日本，各地開始栽種菸葉，需要大量的刀具收割菸葉。當時堺市製作了第一把國產菸葉菜刀（タバコ包丁），品質優於外來貨，在江戶時代被封為「堺極」，於日本全國聲名遠播。

菜刀以外的堺市傳統產業

「堺傳統產業會館」1樓的互動式展示區，要讓參觀者了解堺市傳統產業刀具、線香、注染、昆布、自行車發展的故事。每週或隔週一次職人實演活動，活動內容有磨菜刀、製作和菓子、線香製作等，想要體驗的旅人，請事先查詢官網公告的活動日期與時段。

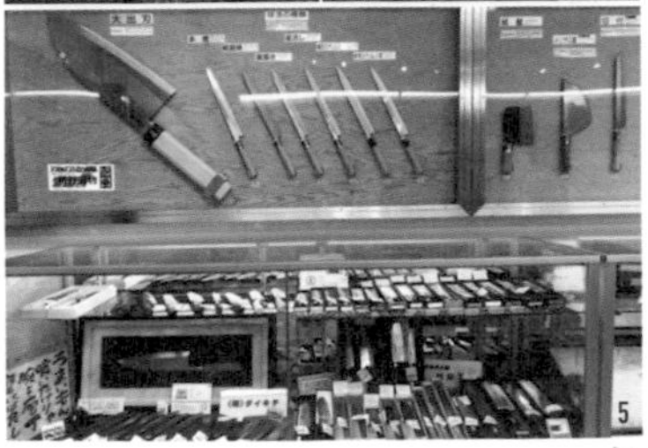

❶堺傳統產業會館外有把大型菜刀當招牌／❷❸1樓展示傳統產業發展歷史與互動式遊戲／❹1樓有伴手禮販售區，推薦購買泉州醬油／❺2樓刀具展示販售區

- 大阪府堺市堺區材木町西1丁1-30
- 072-227-1001
- 10:00~17:00，新年(年末年始)公休
- 免費參觀
- 阪堺電車「妙國寺前站」，步行2分
- 1～1.5小時
- www.sakaidensan.jp
- P.115

阪堺電車•大小路站

SAKAINOMA cafe

歐日混和風格的文青空間

坐落在阪堺電車軌道旁的SAKAINOMA cafe，將江戶時代町家老屋整新，小庭院有一棵櫻花樹，掛著寫有「熊」字的燈籠。從早餐、午餐到下午茶，溫暖各時段前往之客人的心與胃。經營者致力宣傳堺市傳統產業、安排在地出身藝術家個展，不定期舉辦藝文活動，可說是文青聚集地。來到堺市通常會安排當日往返一日遊，想要留宿堺市一晚，這裡提供「SAKAINOMA RESIDENCE 錦」日式住宿空間，推薦參考。

❶小庭院的燈籠與櫻花樹是顯著招牌／❷❸店內舒適溫馨的色調與家具，老屋長廊牆面貼滿藝文活動訊息／❹抹茶濃縮高湯／❺抹茶牛奶抹醬／❻西尾茗香園茶鋪外觀

- 大阪府堺市堺區熊野町西1-1-23
- 072-275-7060
- 08:00～19:00，全年無休
- 500日幣起
- 阪堺電車「大小路站」，步行30秒
- 1～2小時
- sakainoma.jp
- MAP P.115

阪堺電車•大小路站

西尾茗香園茶鋪

NISHIOMEIKOUEN

160年日本茶專賣店

走進這家茶鋪是個偶然，原以為只是一間販售茶葉的傳統店家，與老闆攀談後，才知道是1854年創業的老店，現在由第五代接手經營。

茶園分布在京都宇治、靜岡縣與九州，從產地直接收購品質優良的茶葉到自家工廠精選後包裝出售。除了堅守傳統，還致力於新產品的開發，隨著時代持續進化中。老闆介紹了3項產品，買來當伴手禮頗適合。抹茶濃縮高湯（極 抹茶だし），與堺市醬油老舖「大醤」共同開發，用於茶泡飯、涼拌豆腐、天婦羅沾醬，甚至還可淋在冰淇淋上。抹茶布丁（抹茶プリン），這類產品市面上常見，西尾茗香園開發的布丁甜度控制得宜，無添加物還能常溫保存。抹茶牛奶抹醬（極抹茶みるくジャム），想到早餐烤好吐司再抹上抹茶牛奶醬的畫面，這罐也就一起結帳了。

- 大阪府堺市堺區市之町東1-1-24
- 072-232-4389
- 09:00～19:00，週日公休
- 210日幣起
- 阪堺電車「大小路站」，步行2分
- 0.5～1小時
- www.nishiomeikouen.com
- MAP P.115

阪堺電車・大小路站

(株)丸市菓子鋪

堺市特色十足的和菓子老店

明治28年(1895年)創業的百年和菓子鋪「(株)丸市菓子鋪」，外觀就如日本各地常見的老店，保持著潔淨明亮的外觀，歷經歲月的木頭招牌仍精神奕奕地掛在門上，店裡地板與牆面有舊時代的痕跡，保存完好的老店氛圍。除了守護自家的傳統口味，還開發多種具有堺市地方特色的和菓子。其中口感最鮮明特別的是以茶聖「千利休」的名碗「斗斗屋茶碗」(斗々屋茶碗)為發想的饅頭菓子，「斗斗屋」這個名字據傳是因為古代魚販的日文讀音是「ととや」(to-to-ya)，而千利休出身於魚商之家因而取此名。饅頭菓子外型是一個茶碗，普通尺寸的和菓子很難體現這個形狀，內餡除了講究的丹波大納言紅豆餡，還加入柚子餡，兩者結合，甜中帶有清香；再仔細咀嚼還會發現有胡椒香氣，挑戰傳統固有的味覺，有些標新立異卻巧妙融合這三種味道。

- 堺市堺區市之町東1-2-26
- 072-233-0101
- 09:00～18:00，全年無休
- 500日幣起
- 阪堺電車「大小路站」，步行2分
- 0.5～1小時
- MAP 115

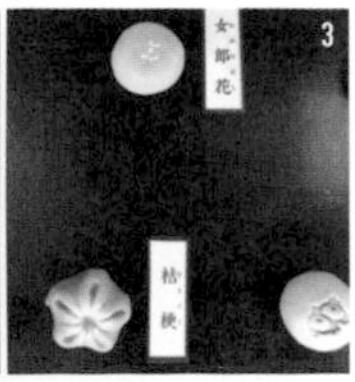

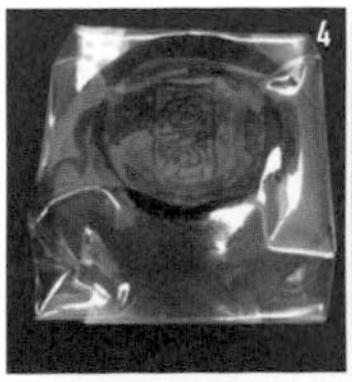

❶店內一景／❷店鋪外觀，整潔明亮，貼著藍色系的磁磚外牆／❸季節生菓子／❹❺「斗斗屋茶碗」一般尺寸的菓子看不出茶碗外型，店裡也販售與實物大小相同的尺寸

❶2樓茶房窗邊即可觀看阪堺電車／❷1樓與2樓間之古典日式樓梯間／❸❹小島屋泰芳1樓和菓子販售區與店外觀／❺「茶房 小島屋」享用芥子餅瑞士捲

阪堺電車・宿院站

小島屋泰芳

堺市名物和菓子「芥子餅」

芥子餅（けし餅）

「芥子」就是罌粟籽，據傳是從印度傳到日本，江戶時代初期開始，在大阪、堺市與和歌山廣泛種植。堺市有許多和菓子老店，很大原因是茶聖「千利休」的影響力，帶動茶道文化。包著紅豆泥內餡的芥子餅，芥子的香氣與有趣的口感，具有特色，日本皇室與昭和天皇陛下都曾品嘗過「小島屋」的和菓子。

2樓「茶房 小島屋」

1～2樓樓梯間牆面的竹飾與地板細緻光亮，格外有氣氛。2樓茶房大面玻璃窗帶進光線，面對著阪堺電車軌道，也吸引遊客前來取景拍照。茶房使用的桌椅與燈飾，充滿設計細節，維持得十分潔淨。來到茶房推薦點一片芥子餅瑞士捲（けし餅ロール）品嘗，再佐一杯咖啡或茶。芥子一顆顆在口中噗滋噗滋的口感，搭上瑞士捲鬆軟的蛋糕體、香濃不甜的鮮奶油，中間包著紅豆餡的芥子餅，和洋折衷，有創意又好吃。大阪各大百貨公司、大阪站與新大阪站設有店鋪，但只能購買一整條（1,512日幣）。

- 大阪府堺市堺區宿院町東1-1-23
- 072-232-0313
- 1樓店鋪08:30～18:00，2樓「茶房 小島屋」12:00～17:00，全年無休
- 600日幣起
- 阪堺電車「宿院站」，步行30秒
- 1～1.5小時
- www.keshimochi.com
- P.115

阪堺電車・宿院站

千利休屋敷跡

The Site Of Sen-No-Rikyu's Residence

日本茶聖千利休住家遺址

阪堺電車「宿院站」下車後，會看到十字路口玻璃屋現代建築「利晶之杜」（さかい利晶の杜）。一旁有區只有紀念碑與一口井的遺址，據傳這裡是日本茶千家的始祖「千利休」的住家遺址。千利休出生於1522年堺市的豪商家庭，在豐臣秀吉時代被賜封為「天下第一茶人」，是豐臣秀吉的茶道老師；後因干政惹怒豐臣秀吉，切腹自盡，享年70歲。開放時間內會有身著黃色背心的志工駐守，可以請志工以英文或日文導覽、簡介歷史，會比自己閱讀介紹文易懂很多。

- 大阪府堺市堺區宿院町西1丁-17-1
- 10:00～17:00
- 免費參觀
- 阪堺電車「宿院站」，步行1分
- 0.5～1小時
- www.sakai-rishonomori.com
- P.115

1

2

3

5

4

❶千利休屋敷址外觀／❷❸仔細看遺址的這口井，梁上的木工處理並非平整光滑表面／❹指標上面的人像是千利休／❺介紹千利休生平的紀念碑，千利休不葬於此地，葬於京都

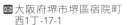

阪堺電車・宿院站

利晶之杜

さかい利晶の杜

宛如堺市歷史教科書

進入「利晶之杜」明亮挑高的1樓大廳，地板上是堺市幕府時代末期~明治時代地圖，阪堺電車周邊景點一日遊後，把此處當成終點站，再來看這張地圖，會更有感觸。一旁還有「宿院站」昭和初期熱鬧的街景模型，精緻傳神。牆上有世界古地圖，象徵堺市在大航海時代歷史的重要性。

1樓有擔任志工的長者，提供免費導覽，但導覽以日文為主。假日的茶湯體驗很受歡迎，在櫃檯買票之後，排隊進到茶室，由專業的老師帶領體驗正統茶道「点前」。另外兩個付費參觀的區域是1樓茶聖「千利休茶湯館」，以及2樓活躍於明治至昭和時代的女性歌人「與謝野晶子紀念館」(与謝野晶子記念館)。想要了解這兩位堺市重要的歷史人物，可參加館內提供的免費團體導覽，所需時間約1小時。展示內容豐富且生動，非常值得一訪。旁邊還有Starbucks路面店、豆腐和食餐廳「梅之花」(梅の花)，寓教於樂又兼顧休息與飲食。

- 大阪府堺市堺區宿院町西2丁1-1
- 072-260-4386
- 09:00～18:00，茶室09:00～17:00，年末年始公休
- 1樓大廳免費參觀，1樓茶湯體驗「立禮呈茶」每人500日幣，1樓「千利休茶湯館」與2樓「與謝野晶子紀念館」參觀費每人300日幣
- 阪堺電車「宿院站」，步行1分
- 1.5～2.5小時
- www.sakai-rishonomori.com
- MAP P.115

❶利晶之杜正門口，玻璃帷幕有天空映照其中／❷1樓大廳與地板上古街景地圖／❸「與謝野晶子紀念館」展示她親筆寫的「百首屏風」(複製品)／❹1樓大廳牆面有兩張大型航海地圖，Sacay就是「堺」／❺1樓大廳展示宿院街景模型／❻融合日式與現代玻璃帷幕的建築／❼一旁有Starbucks咖啡店

阪堺電車・寺地町站

かん袋

店名與豐臣秀吉有關的甜品老店

豐臣秀吉與店名來由

創於1329年，當時的商號為「和泉屋」，有次豐臣秀吉招待堺市商人到大阪城參觀，和泉屋第一代店主也受邀前往。正逢進行大阪城天守閣鋪設屋瓦的工程，店主和泉屋德兵衛想用做餅練出來的好腕力，對這項工程盡一份力。有天工作時春風吹起，瓦片搬到屋頂時被吹得一團亂，豐臣秀吉看到沒有生氣，反而覺得吹亂的瓦片好像散落的紙袋（かん袋），把「かん袋」賜給和泉屋德兵衛作為商號，因此改名。

❶店外觀／❷每次去堺市必吃的甜食，念念不忘的樸實甜品／❸內用取餐號碼牌是木製牌子／❹內用座位區保有日式風格

名物「くるみ餅」原料是個謎

廣受顧客喜歡的甜點「くるみ餅」，其演變過程與堺市港口貿易發達有關。最初是鹹口味，因菲律賓呂宋島輸入砂糖到日本，從鹹改成甜口味。

「くるみ」在日文常見的兩種語意，一個是動詞「包起來」，另一個是名詞「核桃」的意思。原本以為QQ麻糬上的草綠色醬料是核桃，實際吃過覺得像是比較甜的綠豆沙。草綠色醬料到底為何，是最高商業機密，不得而知。店裡只有冰、熱與大、小碗的選擇，推薦吃冰的，碎冰中和了甜味，甜度較剛好。

- 大阪府堺市堺區新在家町東1-2-1
- 07-2233-1218
- 10:00～17:00(賣完為止)，週二、三公休
- 360日幣起
- 阪堺電車「寺地町站」，步行約5分
- 1～1.5小時
- www.kanbukuro.co.jp
- P.115

近鐵難波線・奈良線路線圖

車站	普通	區間準急	準急	急行	快速急行	特急
大阪難波	●	●	●	●	●	●
近鐵日本橋	●	●	●	●	●	
大阪上本町	●	●	●	●	●	●
鶴橋	●	●	●	●	●	●
今里	●					
布施	●	●	●	●		
河內永和	●					
河內小阪（司馬遼太郎紀念館）	●	●	●			
八戶ノ里	●					
若江岩田	●					
河內花園	●					
東花園	●	●	●			
瓢箪山	●	●				
枚岡	●	●				
額田	●	●				
石切	●	●	●	●		
生駒	●	●	●	●	●	●
東生駒	●	●	●			
富雄（Ramen house Mitsuba (ラーメン家 みつ葉)）	●	●	●			
學園前	●	●	●	●	●	●
菖蒲池	●	●	●			
大和西大寺	●	●	●	●	●	●
新大宮	●	●	●	●	●	
近鐵奈良	●	●	●	●	●	●

大和西大寺轉乘往京都方向

大和西大寺轉乘往大和八木、橿原神宮前方向

近鐵一日遊

建築城跡・拉麵名店・金魚城市漫步

近畿日本鐵道，簡稱「近鐵」。近鐵「難波線・奈良線」沿路停靠站「河內小阪站」、「富雄站」以及在「大和西大寺站」轉乘「橿原線」即可抵達「近鐵郡山站」。鑑賞東大阪安藤忠雄建築、品嘗奈良名店拉麵，漫遊奈良金魚古城，走訪地方城市，了解地方特色。

近鐵特急是橘配深藍色車身

[近鐵]

第二次世界大戰時，日本政府要求調整國內交通事業的時代背景下，近畿日本鐵道株式會社誕生(簡稱：近鐵)。在二戰結束後，百廢待舉的大阪，近鐵也開始了百貨事業，「大鐵百貨」即是現在「近鐵百貨」的前身。在近鐵沿線大站，會看到近鐵百貨與車站直結，購物方便，總公司在大阪近鐵上本町站，日本最高大樓阿倍野 HARUKAS 也是近鐵所有。前往奈良、名古屋、伊勢志摩，搭乘近鐵是許多人的交通手段。這次介紹的近鐵沿線景點，距離大阪難波車程 1 小時內，可以輕鬆一日遊。

http 近鐵：www.kintetsu.co.jp

近鐵普通車外型多為紅與白配色，偶爾會看到鵝黃配深藍色的可愛車廂

近鐵橿原線路線圖

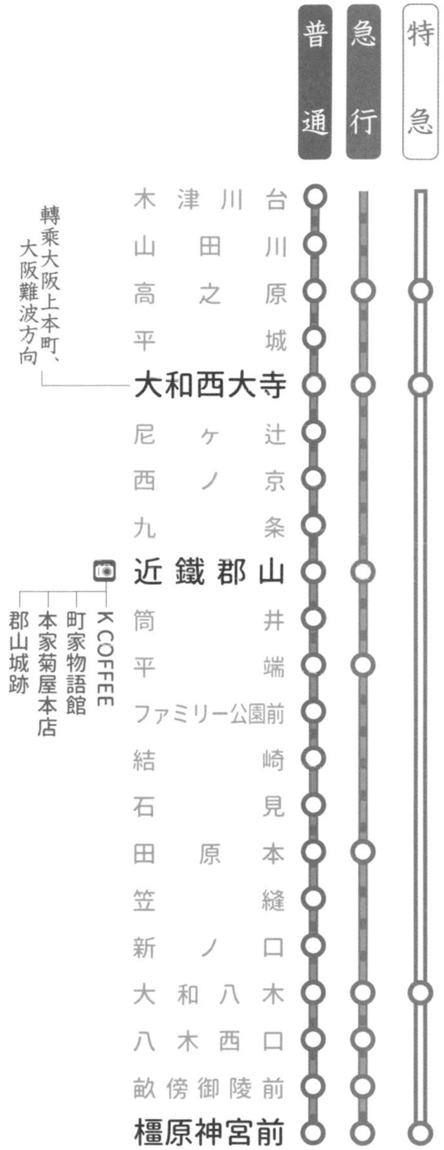

近鐵•河內小阪站

司馬遼太郎紀念館

Shiba Ryotaro Memorial Museum

長廊風景最是迷人

與住宅區為鄰 綠意盎然的紀念館

近鐵「河內小阪站」步行前往「司馬遼太郎紀念館」大約11分，沿途有清楚的指標，不需擔心迷路。造訪時是春天，館外圍牆邊盛開的玫瑰花與杜鵑花、大門口迎接訪客笑容可掬的工作人員，是個愉快的開場。在門口自動售票機買好入館券後，要穿過種植各種樹木的庭院小徑，接著看到的是一面明亮玻璃窗內，布置優雅的書齋。書齋內揣摩司馬遼太郎寫作當時的使用情境，盡可能真實重現，參觀者只能從窗外一窺究竟。往書齋旁再走幾步，就會看到被高大樹木遮住大部分的紀念館了。庭院設計有這樣的安排，是因為司馬遼太郎先生喜歡植物恣意生長的「雜木林」。

司馬遼太郎紀念館 長廊的風景

玻璃帷幕配合清水模牆面的弧度，走過這條長廊好似伸展台，光線太美，還沒走到入口，在這裡拍照就拍得忘我。弧形長廊的尾端就是紀念館入口，進入大廳後全面禁止拍照。

不透過手機與鏡頭 親眼感受書海震撼力

紀念館的1樓是Cafe與紀念品販售區，下樓的樓梯間彩繪玻璃在陽光下更顯閃亮耀眼。接著地下1樓光線有些幽暗，往左邊一看，11公尺高的大書架占據整個牆面，擺滿藏書。這些書籍都是司馬遼太郎先生所有，總共有2萬冊。有種被大量藏書環抱，只有些許光線透進屋來的感覺，親自體驗才能感受其震撼。大書架後方有一處視聽室，每隔半小時會播放與司馬遼太郎先生相關影片，想要更深度了解這位偉大作家的生平，推薦觀賞。

- 大阪府東大阪市下小阪3-11-18
- 06-6726-3860
- 10:00～17:00，週一、9/1～9/10、12/28～1/4休館；國定假日開放，國定假日隔天休館
- 大人500日幣，國、高中生300日幣，小學生200日幣
- 近鐵奈良線「河內小阪站」，出口左手邊商店街拱門上寫著「司馬遼太郎紀念館」， 穿過商店街與住宅區，步行約11分
- 1～1.5小時
- www.shibazaidan.or.jp
- MAP P.128

❶❷2001年開館，建築物至今仍沉穩耐看／❸安藤忠雄先生設計，2010年完工的「新庭」一角／❹抵達紀念館之前，要先穿過賞心悅目的「雜木林」／❺前往司馬遼太郎紀念館的沿路指標清楚／❻正門口的招牌是司馬遼太郎筆跡／❼司馬遼太郎的書齋／❽採光好，讓人流連逗留的長廊

4

3

8

5

6

7

近鐵・富雄站

ラーメン家 みつ葉

Ramen house Mitsuba

奈良拉麵店一級戰區名店

貼心服務與點餐規則

近鐵奈良線「富雄站」下車後，大多數的人都往馬路對面的巴士站方向走，接著會看到一條斜坡馬路，沿著馬路走，不久就會看到路邊一家排隊的店，就是「ラーメン家 みつ葉」。

從排隊開始就看到店家的貼心服務，總是耐心向每位客人說明排隊規則，店外放置陽傘與扇子讓客人自由使用，不會排隊排到不耐煩。記得先拿整理券再排隊，入座前店家會先讓客人到店內食券機點餐。老闆原本在京都山區的拉麵名店學藝，獨立開店後已成為奈良代表性的拉麵名店。沒有名店的傲氣，只有親切的服務，由於太受歡迎，2017年在奈良法隆寺附近開第二家店「ラーメン家みつ葉 the second」。

只賣午餐時段
嚴選日本國內食材

最具特色的「泡系」湯頭，乳白色濃醇湯頭使用雞與豚骨熬製8小時而成，喝起來有點「空氣感」同時又超濃郁。入口時有趣的口感像是在吃「分子料理」版拉麵，擺盤也具特色。麵條是在店鋪2樓自家製作，水分含量比一般拉麵高，讓湯汁緊巴著麵條，麵條Q香有彈性，吃完一碗普通分量的拉麵，飽足感破表。

1

2

4

3

❶❸❹ラーメン家 みつ葉店外觀，店外放置陽傘讓排隊客人遮陽／❷濃郁乳白色湯頭上，多一層細緻泡沫，「泡系拉麵口感有趣」

- 奈良市富雄元町3丁目3-15-1
- 週一～六10:30～14:00(賣完為止)，週日與國定假日公休，臨時休業會公告於官網
- 800日幣起
- 近鐵奈良線「富雄站」，西出口步行5分
- 1～1.5小時
- www.ramenya-mitsuba.com
- MAP P.128

❶自動販賣機變身金魚魚缸／❷K COFFEE「金魚電話亭」總是吸引遊客停留拍照留念，可惜不在了／❸近鐵車站剪票口也成了金魚魚缸，當地新聞還曾報導過／❹走到對街看K COFFEE，有發現這裡原本是座加油站嗎？

近鐵◆近鐵郡山站

K COFFEE

廢棄加油站改建的話題咖啡店

金魚與咖啡都還在

曾是日本數一數二的金魚養殖城市「大和郡山市」，仍努力地維持「金魚城市」稱號，漫步街上與各種形式呈現的金魚們相遇，很是有趣。K COFFEE賣咖啡又結合當地特色製造話題，帶動地方觀光。可惜高人氣的「金魚電話亭」，2018年因為一位日本藝術家抗議抄襲創意，要求大和郡山市柳町商店街撤除這家咖啡店的「招牌」，惋惜的聲浪四起。現在K COFFEE看不到照片中在電話亭水族箱裡悠游的金魚，轉而改住在尋常的水族箱，不變的是金魚還在。夏天的日本是很炎熱的，「夏日定番」的刨冰，K COFFEE也有販售喔！

柳町商店街行銷「金魚城市」

K COFFEE在柳町商店街尾巴，往「本家菊屋」方向走，在同一條商店街還會發現其他與金魚相關的創意魚缸，店門口的自動販賣機、車站剪票口，看了令遊客會心一笑的創意，記得找找它們在哪裡。

- 奈良県大和郡山市柳4-46
- 090-6986-3255
- 10:00～17:00，週四公休
- 350日幣起
- 近鐵橿原線「近鐵郡山站」，步行9～10分
- 1～1.5小時
- kcoffee.jp
- P.129

近鐵•近鐵郡山站

町家物語館(舊川本邸)

登錄有形文化財的「遊郭建築」

「遊郭建築」

日文「遊郭」是合法紅燈區的意思，娼妓被稱為「遊女」。町家物語館（舊川本邸）是三層樓木造建築，完工於1924年（大正13年），現在巷弄間只有安靜住宅與寺院，建築物也改為大和郡山市所有，2018年1月完成耐震修繕並對外開放，舉辦活動且免費參觀。

愛心形狀窗子

町家物語館（舊川本邸）最具特色的是心型豬目窗（豬目窓）。古代開始日本神社與寺廟就使用豬目窗，用途是「除魔」與「防火」。做成愛心形狀，是建築物當初為「遊郭」用途的巧思之一。

3月3日女兒節活動

每年2月底到3月3日，大和郡山市的商店街與町家物語館會舉行盛大的「大和雛人形展」（大和な雛まつり），從江戶時代古董級人偶到近代的女兒節人偶都有展出，尤其是町家物語館內的中央階梯，展示的人偶數量十分壯觀。雖然太密集的擺放可能會讓人有些不舒服，不過藉由這個活動近距離體驗日本女兒節文化，是難得的經驗。

奈良縣大和郡山市洞泉寺町10
07-4352-8008
09:00～17:00，週一、年末年始公休，遇國定假日營業，隔天公休
免費
近鐵橿原線「近鐵郡山站」，步行8分
1～1.5小時
www.yk-kankou.jp，點選「イベント Events」
MAP P.129

❶日本女兒節時在「町家物語館」展示為數可觀且有歷史的人偶「雛人形」，值得參觀／❷金魚的城市，處處有金魚，把古董電視機變成魚缸／❸遊郭建築的心型豬目窗

近鐵◆近鐵郡山站

本家菊屋 本店

Kikuya

御城之口餅與豐臣秀吉

昭和風情商店街與和菓子老店

「本家菊屋」本店就在「柳町商店街」一丁目的入口，馬路對面是「大和郡山市役所」。日式百年老屋的存在感濃烈，半開放式店面像是歡迎路過民眾來歇腳，吃個菓子休息一下。店裡放眼所及都是古董級的物品，和菓子的模型展示在天花板與玻璃櫥櫃裡，鋪設大石頭的地板被磨得發亮。春天來訪時，斜對面有棵櫻花樹，可邊吃和菓子配熱茶，座位的視野剛好還能賞櫻。明亮的展示櫃裡，擺放「本家菊屋」各式招牌和菓子與生菓子，每樣看起來都非常可口。老店到現在仍堅持每天手工製作，和菓子中的主角紅豆，使用最高等級的「丹波大納言」紅豆，綿密又香，甜度得宜。

「御城之口餅」非吃不可

「本家菊屋」最有名的「御城之口餅」是包著紅豆餡，再裹上黃豆粉的圓形菓子，尺寸剛好是一口大小，沒有黏牙的甜膩，而是入口即化的口感，一個只賣100日幣。由於「本家菊屋」所在位置就在「郡山城」城下町入口的第一戶，因此取名為「御城之口餅」。豐臣秀長辦茶會時，曾下令「本家菊屋」第一代進貢珍奇菓子，當時進貢的就是這項。豐臣秀長的哥哥豐臣秀吉吃過後，非常喜愛，賜封為「鶯餅」，據傳這就是日本各地鶯餅的原型。

- 奈良縣大和郡山市柳1-11
- 0743-52-0035
- 08:00～19:30，1/1元旦公休
- 100日幣起
- 近鐵橿原線「近鐵郡山站」，步行5分
- 1小時
- kikuya.co.jp
- MAP P.129

❶店裡的古董級物品與大量和菓子製作模具／❷本家菊屋在柳町商店街的入口，春天時對街的櫻花盛開可賞櫻／❸櫥窗裡擺放的各式和菓子與生菓子，相當精緻／❹照片右邊3個一口大小的和菓子就是「御城之口餅」

近鐵・近鐵郡山站

郡山城跡

城跡的過去與現在

郡山城的歷史意義

「大和郡山」距離大阪與京都不遠，古時候是軍事與政治要塞，各家爭奪之地，最出名的城主就是「豐臣秀吉」的弟弟「豐臣秀長」。爾後，柳澤家成為郡山城主，「柳澤吉里」開始鼓勵金魚養殖，讓明治維新後失去官職的藩士能繼續生計，農家也能有副業的收入來源，幫現在的「金魚的城市」奠下基礎，「大和郡山市」成為日本最大的金魚養殖產地。郡山城可參觀的地方是護城河與只剩下巨石堆「天守台」，可爬上去從制高點鳥瞰城下風景。

春天序幕「盆梅展」、賞櫻祭

每年2~3月之間，櫻花盛開以前，郡山城跡內的梅園率先滿開的粉紅、桃紅、鵝黃色梅花，宣告春天即將到來。除了免費參觀的梅園，還有一區室內「盆梅展」，100多盆珍貴的梅花盆栽，滿室梅花撲鼻香，是近距離觀賞梅花的難得機會。每年的賞櫻祭典會配合「金魚」主題，郡山城內會展示稀有金魚品種，雖然城區不大，不過祭典的內容因為金魚而特別有看頭。

1

☒奈良縣大和郡山市城內町2

◷郡山城跡「天守台」4～9月07:00～19:00，10～3月07:00～17:00，春天盆梅展至16:30或17:00截止

$ 郡山城跡免費參觀、盆梅展需購買門票參觀，大人450日幣、小學生以下免費

➡近鐵橿原線「近鐵郡山站」，步行8～10分

⌛1～1.5小時

http www.yk-kankou.jp

MAP P.129

❶郡山城跡的庭園與護城河／❷❸郡山城跡「天守台」的樣貌已不復見，只有巨石還在／❹梅花盛開時的郡山城跡／❺盆梅展的珍貴品種梅花／❻郡山城跡護城河傍晚時分的櫻花

阪急電鐵寶塚線路線圖

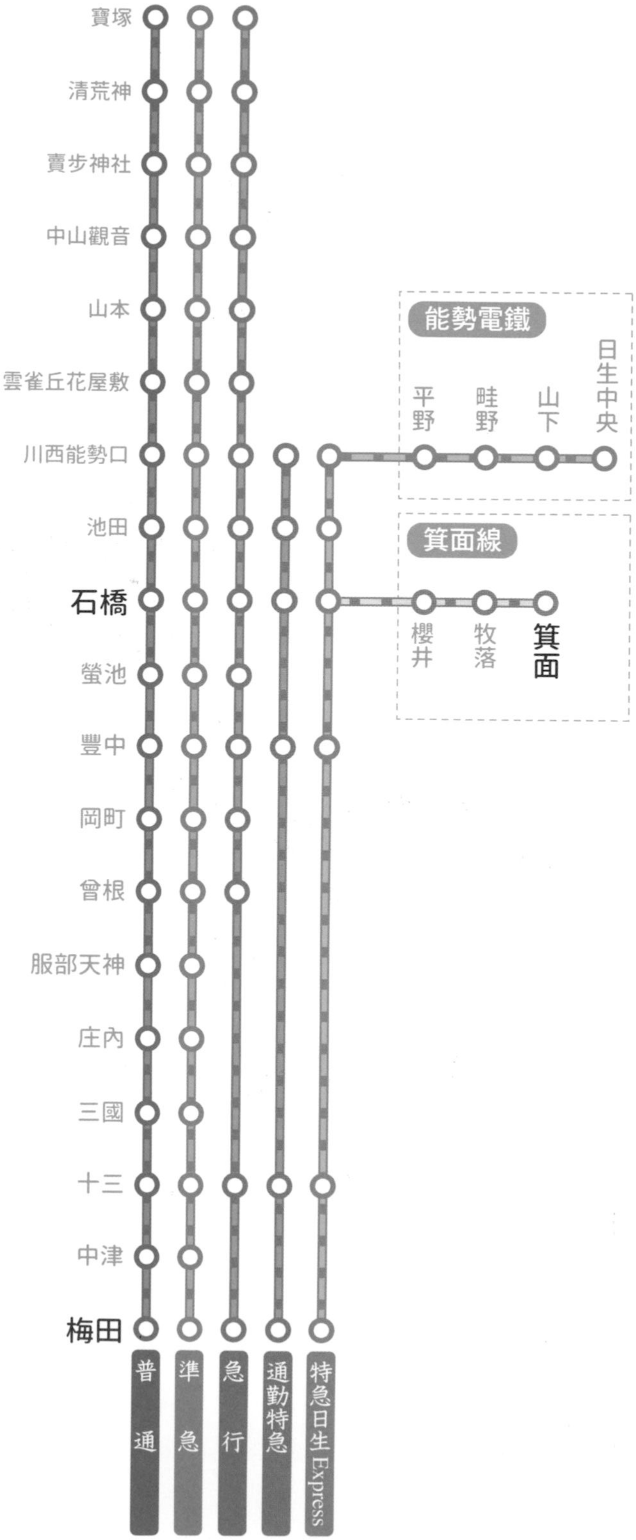

阪急電鐵 箕面一日遊

梅田出發車程21分鐘的賞楓名所

從「阪急梅田站」搭乘「寶塚線」到「石橋站」，再換乘「箕面線」到「箕面站」，車程只要21分鐘，就能看到不同於市區的風景。「楓葉」、「天然瀑布」與「溫泉」是箕面最大的魅力所在，不出半小時就能遠離都市塵囂，盡情享受大自然與芬多精！

[阪急電鐵]

阪急電鐵的前身是「箕面有馬電氣軌道」，由小林一三先生於1907年創立。克服了横渡大阪新淀川的鐵道鐵橋施工，在1910年開通梅田—寶塚之間與石橋—箕面之間的路線，本次介紹的，就是需要利用這兩條存在已超過百年的阪急電鐵路線，前往終點站「箕面」的觀光景點。

http 阪急電鐵：www.hankyu.co.jp

阪急石橋站換乘箕面線

阪急電鐵箕面站周邊地圖

阪急電鐵•箕面站

箕面公園

Mino Park

楓葉、天然瀑布與溫泉

箕面公園健行

「阪急箕面站」到「箕面瀑布」（箕面大滝）的距離約2.8公里，上山的方向右手邊是原始且坡度較陡的山路，左手邊則是平緩、整地過的登山步道，必須考量自身的體力與穿一雙好走防滑的鞋子。兩條路線的目的地都是山上的「箕面瀑布」，一路散步、拍照，遇到路邊攤販買小吃解饞，30～40分鐘後就可抵達瀑布區。秋天的箕面楓紅雖然沒有京都景點有名，不過遊客比較少，賞楓過程舒適不擁擠。

落差33公尺的天然瀑布「箕面瀑布」

「日本瀑布百選」之一的「箕面瀑布」，像是秀麗的白絹帶，細長的水流傾瀉而下。不是壯麗大景，但是接近它時感受瀑布水流的力道、濺起的水花，呼吸著富含負離子的空氣，清新舒暢。瀑布前方有幾排長椅，在這裡坐著歇息，觀賞著瀑布的生命力與山頭的楓樹相互襯托，構成一幅美麗風景圖。即使不是秋日楓紅期間前往，春夏的綠意與冬天的寂寥仍相當有可看性。

傳統點心「紅葉天婦羅」

觀光景點沿途會有許多名產店，從箕面山下一路上山，最特別的就是一家接著一家的炸紅葉天婦羅（もみじの天ぷら）。一開始有些懷疑是否真的包裹楓葉再下鍋油炸，鼓起勇氣詢問其中一家店老闆娘，她破例把裝著滿滿醃漬楓葉的桶子打開讓我看一眼，裏在麵糊裡的是楓葉沒錯。由於看似簡單的製作過程，每家店的麵糊調配比例各異，為了保護商業機密，店家多半不太接受近距離拍照。買了兩家攤子的「紅葉天婦羅」試吃比較，口感真的完全不同。一家麵衣薄且脆，另一家麵衣厚、有咬勁。店家提供方便邊走邊吃的小包裝與買回家當伴手禮的大包裝，來到箕面一定要試吃這款點心。

- 大阪府箕面市箕面公園
- 072-721-3014
- 官網無明載，安全考量請於天黑前下山
- 免費
- 阪急電鐵「箕面站」下車，單趟步行30～40分，往返加上休息約2小時
- 2～2.5小時
- www.mino-park.jp
- P.139

❶途中會經過「箕面公園昆蟲館」，有興趣的旅人可參觀休息／❷❸來到箕面一定要試試「紅葉天婦羅」的滋味／❹❺登山步道沿路的風景，春天的新綠與秋季楓紅各有各的美麗

落差33公尺的天然瀑布「箕面瀑布」

阪急電鐵•箕面站

山本珈琲館

Yamamoto Coffee Kan

山中小屋喝咖啡

「山本珈琲館」販售咖啡豆有逾60年歷史，是二戰後重新將咖啡帶進日本的先驅者。本店在大阪市區「南堀江」，大阪市「梅田」、京都、奈良都有分店。從世界各地指定農園嚴選咖啡豆，於日本奈良「天理市」由焙煎職人完成烘豆程序。店裡使用的瓷器與餐具十分講究，在店內享用咖啡，環境與氛圍彷彿置身歐洲。

位於「箕面公園」登山步道中途的分店，就在箕面川旁，往返「箕面瀑布」一定會經過。舒適雅致的座位、挑高的天花板、精挑細選的歐風咖啡杯組，幸運坐在靠窗位置的話，還可欣賞四季山景。除了內用菜單的咖啡、三明治、甜點，還有咖啡豆販售，可以把喜愛的咖啡好味道帶回家與更多人分享。秋季賞楓期間遊客眾多，少了悠閒感，不過窗外變成暖色調的楓樹好迷人，享用室內暖氣與咖啡，溫暖地賞楓也不錯。

- 大阪府箕面市箕面公園2-28
- 072-722-3477
- 10:00～16:00，週一公休
- 600日幣起
- 阪急電鐵「箕面站」，步行20分，在「箕面公園」境內，前往「箕面瀑布」路上
- 1～1.5小時
- yamamotocoffeekan.jp
- MAP P.139

❶靠窗座位看出去的山景，楓紅就在身旁／❷山本珈琲館選用的雅致瓷器／❸山本珈琲館的洋風斜屋頂建築，像是童話故事出現的房子／❹館內擺放的古董級磨豆機

阪急電鐵•箕面站

箕面温泉 大江戶溫泉物語
(箕面温泉スパーガーデン)

箕面車站周邊最明顯的地標

泡湯入場流程與注意事項

從阪急電鐵「箕面站」下車後，馬上就會看到「箕面溫泉大江戶溫泉物語」這棟龐大建築。搭電梯上樓、經過天橋至大廳櫃檯報到後，服務人員會提供每位客人一只手環，館內消費一律使用手環記帳。進場後需脫鞋，之後就會看到浴衣租借櫃檯，浴衣的顏色與種類齊全，可加價300日幣挑選更精緻的浴衣綁帶（帯）。更衣室就在浴衣櫃檯旁，這裡是唯一需要使用日幣的地方，每個置物箱需投100日幣，退場後可取回。泡湯前請先淋浴，女生請把頭髮綁起來或戴上浴帽再進入浴池，建議泡湯前不要喝酒，以免泡湯後暈眩。身上有刺青則謝絕進入泡湯，請特別留意。

傍晚入館有優惠

不論平日或假日，只要16:00後入館，只泡湯不住宿，泡湯價格每位大人600日幣，小學生520日幣。建議行程是先到箕面公園健行，傍晚回到山下箕面溫泉泡湯、吃晚餐，充分休息後再搭車回大阪市區。若計畫在此留宿一晚，泡湯與用餐區域則與此篇介紹不同，須留意，價位請參考官網所示。

4

5

3

1

2

- 大阪府箕面市温泉町1-1
- 057-041-266
- 溫泉10:00～23:45，最終入場時間22:45，餐廳11:30～21:30，週六營業至22:00
- 2,000日幣起
- 阪急電鐵「箕面站」，步行3分
- 2～3小時
- minoh-spa.ooedoonsen.jp
- P.139

❶「箕面温泉 大江戶溫泉物語」建築外觀過目難忘／❷❸館內日式風情濃厚，可身著浴衣拍照留念／❹❺浴衣顏色、款式多樣，18:00後入場需要付款100日幣租借浴衣

南海電鐵高野線路線圖

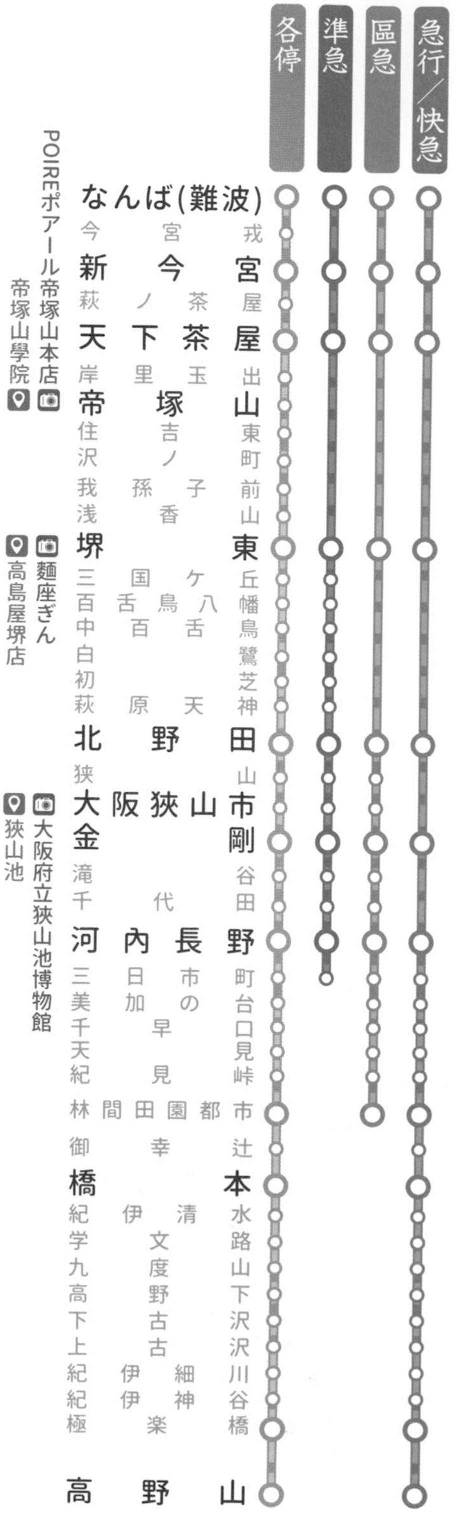

南海電鐵高野線一日遊

安藤忠雄建築．昭和風情商店街．西洋菓子老店

「南海難波站」往南到「大阪狭山市站」車程僅25分鐘，一訪日本最古老蓄水池「狭山池」與安藤忠雄建築「狭山池博物館」。鑑賞建築與了解「狭山池」歷史後，再往難波方向停靠「堺東站」吃一碗特色沾麵，最後以「帝塚山站」營業半世紀的老牌甜點店作為結尾，身心皆滿足。

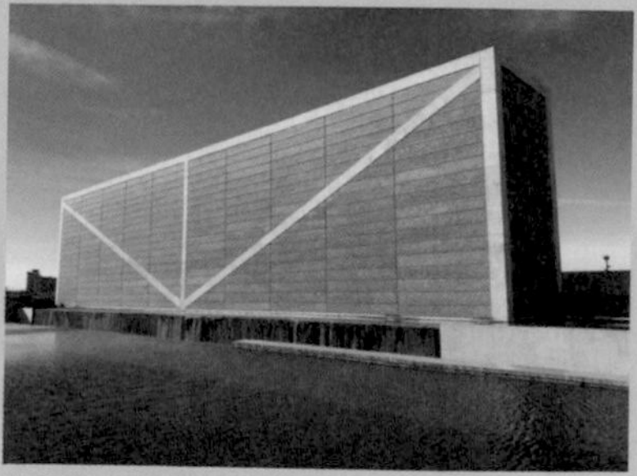

進入狭山池博物館前會經過「水庭」

[南海電鐵]

南海電鐵主要有兩大路線，一條是連接關西機場與和歌山的「南海線」，另一則是這次要介紹的「高野線」。如果你是日本鐵道迷，可能已經知道，行駛於「高野線」區間的全不鏽鋼製車身列車「南海 6000 系」預計於 2019 年秋天退役，從 1962 年加入運輸行列至今已有 57 年，是南海電鐵目前最長青的車型。期待接棒運輸的列車，帶著旅客繼續探訪「高野線」沿線景色。

http 南海電鐵：www.nankai.co.jp

穿越帝塚山站平交道的南海6000系車輛，即將退役

1

2

3

❶狹山池博物館用餐區外的庭園／❷狹山池博物館館藏內容豐富／❸南海電鐵堺東站與高島屋百貨在同一棟建築

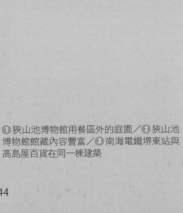

南海電鐵高野線◆大阪狹山市站

大阪府立狹山池博物館

Osaka Prefectural Sayamaike Museum

1,400年日本水利建設遺產

關於大阪府立狹山池博物館

由安藤忠雄建築研究所擔當設計，歷時7年於2001年完工的「大阪府立狹山池博物館」，隔著河堤與1,400年歷史日本最古老的蓄水池「狹山池」相望。狹山池博物館像是河堤的延伸，厚實的長方體與圓弧形組合的清水模建築，周圍種植櫻花樹，春天造訪的粉嫩美景值得期待。館內展示內容十分豐富，而且免費開放參觀，狹山池從古至今的堤防修繕演史、狹山池出土的重要文化財，全都收藏在此。幸運的話遇到解說志工導覽，透過淺顯易懂的說明，對各階段文物的意義與時代背景都能有更深刻的印象。

日本「國史跡」狹山池歷史

無法精確指出「狹山池」建造年分，池裡出土的木頭年輪推算，在西元616年的飛鳥時代狹山池就已存在。博物館內有一展示區特別提到韓國最古老、最大，建造於4世紀後半的水利遺跡「碧骨堤」，據傳狹山池的建造技術是來自於此，是狹山池的「兄弟堤」。日本與韓國最古老的蓄水池代表，從古代開始作為稻米的水利灌溉設施之用，現在目標是能夠登錄於世界文化遺產之列。

安藤忠雄建築

「大阪府立狹山池博物館」除了安藤忠雄先生建築中經常運用的光、影、建築物線條的配合，最特別的是「水庭」。從入口走到博物館門口，會經過長廊，長廊中間是自來水池。每個小時有2次觀看水瀑布從長廊上方傾瀉而下的機會，水流速度由慢變快，場面壯觀。接著會看到圓弧形廣場，廣場的環繞音效很厲害，在不打擾其他參觀者前提下，播放音樂再貼著牆壁聽，效果讓人驚豔。大阪府立狹山池博物館的建築模型與建築手稿，低調地展示在1樓通往2樓的樓梯旁，2樓有室外庭園與餐廳，可休息用餐。

- 大阪府大阪狹山市池尻中2丁目
- 072-367-8891
- 10:00～17:00，週一休館，年末年始(12/28～1/4)休館
- 免費參觀
- 南海電鐵高野線「大阪狹山市站」，步行約11分
- 1.5～2.5小時
- www.sayamaikehaku.osakasayama.osaka.jp
- MAP P.144

1

2

3

5

4

7

6

❶1,400年歷史的狹山池，池子四周規畫河堤步道，很多居民慢跑運動／❷穿過水庭長廊後，抬頭看清水模建築與天空／❸狹山池灌溉範圍有多廣，到館內互動式展示區一目瞭然／❹狹山池博物館2樓餐廳旁有戶外花園／❺水庭旁邊是圓弧形廣場，欣賞建築與光影變化／❻從狹山池挖出來的地層，現場震撼力十足／❼安藤忠雄建築研究所的設計模型靜靜地展示在不明顯的角落，牆上還有設計手稿

日本最古老水庫式蓄水池

南海電鐵高野線◆堺東站

麵座ぎん

一碗沾麵三種享受

南海電鐵「高野線」「堺東站」西出口與高島屋百貨直結，一出站就有吃有逛。車站對街是「銀座通商店街」（堺銀座通り），很多家拉麵店、沾麵店，每家生意都不錯，還有不少洋溢昭和風情的理髮店、喫茶店。「麵座ぎん」不在商店街主要街道上，門口的燈籠招牌破破的，店外還有不整齊的油漆字樣，即便如此排隊人龍不減。想特別介紹這間拉麵店是因為沾麵（つけ麵）吃法夠特別，多給一排放有蛋黃、辣醬、檸檬的碟子，先吃原味，再依照店家指示依序加入這三項調味，讓舌尖感受味覺的多樣變化，增加用餐趣味。拉麵附上厚叉燒，分量大碗，喜歡吃蒜頭的人，鹹香湯頭可配蒜泥，口味再次有變化，「麵座ぎん」的拉麵吃起來相當過癮，非常推薦。要留意的是店內座位都是吧台座位，如果有孩童同行，用餐空間不是太方便。

- 大阪府堺市堺區北瓦町 2-3-23
- 072-232-0044
- 11:00～15:00，18:00～23:00，週一公休
- 每人800日幣起
- 南海電鐵高野線「堺東站」西出口，步行3分(商店街旁停車場斜對面)
- 1～2小時
- MAP P.144

❶店外觀／❷❻麵座ぎん的沾麵，口味可享有三次變化／❸拉麵上方的厚叉燒、豆芽菜與蒜泥，滿得看不見底下的麵條／❹「堺東站」西出口前有「551蓬萊」與連鎖泡芙店，還有高島屋百貨直結／❺有活力又熱鬧的商店街「銀座通商店街」

堺東懷舊商店街吃沾麵

南海電鐵高野線・帝塚山站

POIREポアール 帝塚山本店

裡外都迷人的法式甜點店

1969年創立的POIRE，本店就在路面電車「阪堺電車」路線旁，「姬松站」一下車過馬路就到。為了稍微體驗大阪有名的高級住宅區「帝塚山」，還是選擇搭乘「南海電鐵」「高野線」在「帝塚山站」下車，經過貴族學校「帝塚山學院」，一路欣賞整齊的街道與住宅，步行約10分鐘後抵達「POIRE ポアール帝塚山本店」。

創業至今不變的歐風外觀與搶眼的窗戶設計、不時經過的懷舊路面電車，讓街道的風景更有趣。進到店內之後，親切專業的店員馬上來招呼帶位，明亮的甜點櫃擺著多種誘人甜點，光是用看的都覺得幸福。內用區在2樓，平日午後依然滿座。有吧台座位、桌子座位，還有可事先預約的VIP包廂，裝飾是歐風華麗風格，一旁的矮書櫃擺著當期雜誌，挑高的天花板掛著閃亮水晶吊燈。內用咖啡是提供「一壺」而非一杯，每個月推出「本月甜點」，每年十二生肖造型甜點在客人間點餐率也頗高。除了本店，天王寺的「近鐵百貨」地下1樓、北新地、東京銀座都有分店。

- 大阪市阿倍野區帝塚山1-6-16
- 06-6623-1101
- 09:00～22:00，1/1公休
- 內用每人 1,000日幣起
- 南海電鐵高野線「帝塚山站」只有一個出口，左轉過平交道步行10分
- 1～1.5小時
- www.poire.co.jp
- P.144

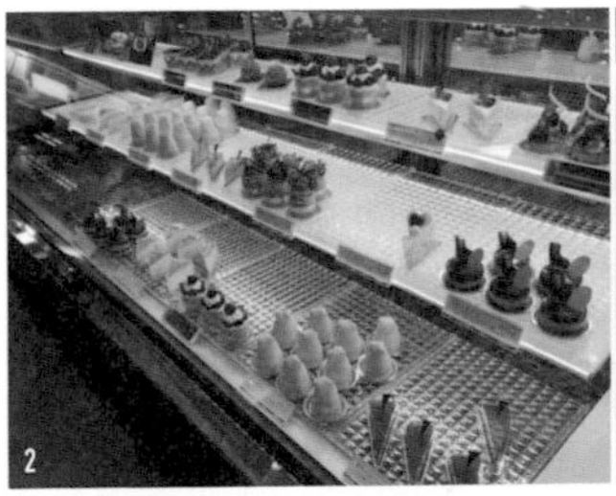
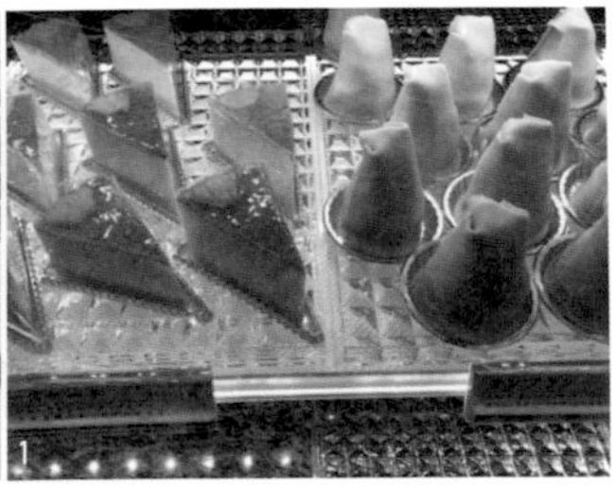

❶❷甜點櫃裡誘人甜點／❸POIRE帝塚山本店的建築，現在仍覺得摩登／❹冬季的草莓當季新鮮，甜點的甜來自水果而不是人工甜味／❺POIRE帝塚山本店與一旁的路面電車「姬松站」乘車月台

大阪單軌電車 萬博紀念公園 一日遊

大阪人的驕傲 1970年萬國博覽會

從大阪地鐵「御堂筋線」不換車，搭到終點站「千里中央站」出站，使用地鐵一日券或是大阪周遊卡每人需要補票140日幣，因為「江坂站」到「千里中央站」之間屬於「北大阪急行線」，不在地鐵券使用範圍。轉乘大阪單軌電車，在「萬博紀念公園站」下車，商場、餐廳、遊樂設施與萬博紀念公園「太陽之塔」一次映入眼簾，非常合適親子同遊。

萬博紀念公園站，出站就會看到太陽之塔

http 大阪單軌電車(大阪モノレール)：www.osaka-monorail.co.jp

大阪單軌電車‧萬博紀念公園站

萬博紀念公園

Expo' 70 Commemorative Park

大阪賞楓名所，親子同遊好去處

太陽之塔

1970年大阪萬國博覽會的象徵性地標「太陽之塔（太陽の塔）」，由日本藝術家岡本太郎先生設計。高度71公尺，從大阪單軌電車「萬博紀念公園站」出站後往右走，沿路都可看到它不同角度的模樣。很多人入園後做的第一件事，就是與「太陽之塔」合照，園區貼心準備固定腳架供遊客使用。「太陽之塔」高聳的外觀有三張臉，正面頂部「黃金之顏」（黃金の顔）象徵未來、正面「太陽之顏」（太陽の顔）象徵現在、背面「黑色太陽」（黒い太陽）象徵過去。還有一張隱藏版的第四張臉「地底的太陽」（地下の太陽）在大阪萬

❶「太陽之塔」背面「黑色太陽」／❷萬博紀念公園「自然文化園」與「日本庭園」入場券，250日幣／大人／❸日式庭園有小型瀑布，當時秋季楓紅正美麗／❹「太陽之塔」正面「黃金之顏」與「太陽之顏」

國博覽會之後就不知去向，2018年「太陽之塔」內部重新開放預約參觀，神祕的第四張臉「復刻版」終於重見天日。想要到「太陽之塔」內部參觀，需要事先網路預約，而且入場費另計，每位大人700日幣。

大阪單軌電車：萬博紀念公園一日遊路線圖

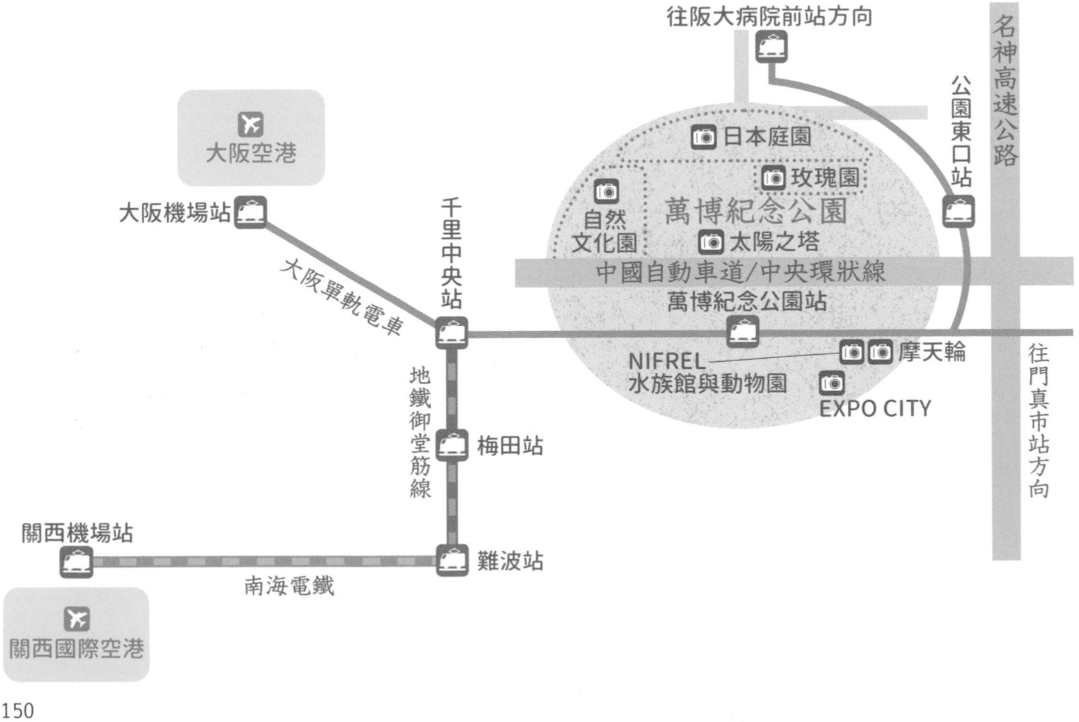

日本庭園

「萬博紀念公園」北邊占地26公頃的「日本庭園」，庭園樣貌豐富，非常推薦仔細遊賞。為了向全世界呈現日本庭園技術，短時間內完成了園區四個風格各異的庭園，趕在大阪萬國博覽會期間展出。依照西高東低的地形，流水、瀑布與水池貫穿庭園，種植在庭園中的樹木，均是當時萬中選一的日本名木，經過近50年歲月，這些樹木更是身價非凡。四季皆美的「日本庭園」是大阪賞楓名所，連接四個庭園之間的步道、小山丘、竹林風景優美。園內提供多個小型休息區，走累了都有地方歇腳。

最大的庭園「池泉迴遊式大庭園」與「心字池」的秋日景色

❶獲得小朋友喜愛的NIFREL水族館與動物園／❷❸「萬博紀念公園」對面的商場EXPOCITY與小型遊樂園／❹❺日本庭園的秋天，楓紅拍不膩

萬博紀念公園站旁 商場 EXPOCITY、遊樂園與水族館

除了萬博紀念公園，對面的購物商場、餐廳與小型遊樂園是親子同行出遊的選擇，EXPOCITY 商場旁有摩天輪、NIFREL 充滿未來感的水族館及動物園，是許多當地人週末全家出遊的熱門地點，花上一天的時間來玩這一站，可能時間都還不夠用。

- 大阪府吹田市千里萬博公園1-1
- 06-6877-7387
- 09:30～17:00，入園時間至16:30截止。若有舉辦活動，則開放夜間入園
- 「自然文化園 日本庭園」入園費每人250日幣、中小學生70日幣
- 大阪地鐵「御堂筋線」(江坂站←→千里中央站，稱為「北大阪急行線」)，「千里中央站」下車，上樓轉乘「大阪モノレール」(大阪單軌電車)，兩站到「萬博紀念公園站」
- 3～4小時
- www.expo70-park.jp
- MAP P.151

往返關西機場交通

南海電鐵

創業百年的「南海電器鐵道株式會社」，簡稱「南海電鐵」，是多數旅客從關西機場往返大阪市難波、日本橋、心齋橋的交通工具。「空港急行」與「空港特急rapi:t」終點站是「南海難波站」，從關西機場的乘車時間與單程票價如下：

- **空港特急rapi:t**：單趟車程38分鐘。除了單趟票價920日幣，需加付「特急料金」大人510日幣、小孩260日幣，取得「特急券」才可上車，全車「指定席」，出發1個月前可開始購票。
- **空港急行**：單趟車程44分鐘。單程票價920日幣，座位與一般電車相同，無指定席。

http www.nankai.co.jp

難波OCAT巴士

大阪有好幾個「難波站」，地點因各鐵道公司線路而異。預訂飯店或民宿前，記得確認地點距離哪一個「難波站」順路，以免到了難波迷路。「難波OCAT」與「JR難波站」在同一棟建築，從「JR難波站」步行到「南海難波站」約10～15分鐘，到最近的「大阪地鐵難波站」是「千日前線」與「四橋線」，步行約6分鐘。「難波OCAT」到關西機場第一航廈車程約48分鐘、第二航廈車程約59分鐘。單程票價為大人1,100日幣、小孩550日幣。購買來回票有優惠，依照個人旅行規畫決定購買與否。

http ocat.co.jp

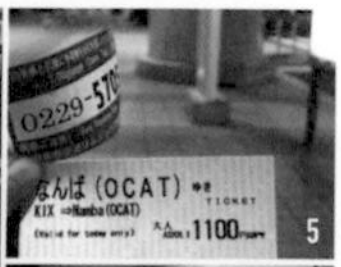

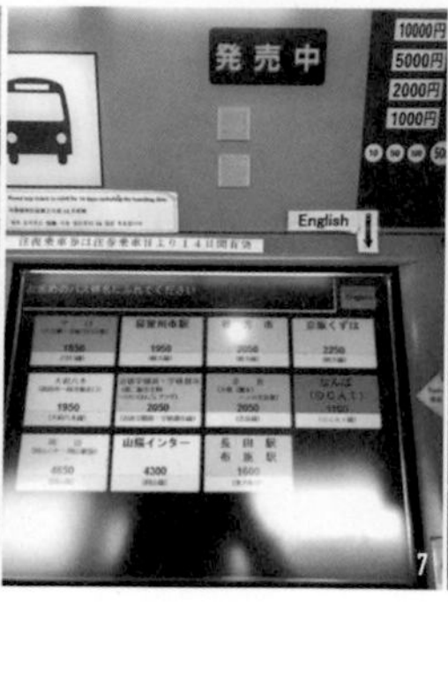

❶「空港特急rapi:t」藍色未來感車身／❷南海電鐵「空港急行」列車／❸南海電鐵自動售票機，一鍵購買車票／❹南海難波站剪票口／❺難波OCAT車票與行李整理券，下車時憑行李整理券取行李／❻難波OCAT往關西機場方向的乘車月台／❼難波OCAT巴士站自動售票機，一鍵購票／❽關西機場巴士乘車處在1樓，難波OCAT方向在11號月台搭車，旁邊就有自動售票機可買票

近鐵上本町（大阪喜來登酒店）機場巴士

搭乘利木津機場巴士往返關西機場和大阪市區，也是很推薦的交通方式。「近鐵上本町站」是「日本橋站」的下一站，出站就是「近鐵百貨上本町店」。近鐵上本町站的機場巴士乘車地點在「大阪喜來登酒店」正門車道旁，巴士候車處旁有咖啡店，可使用自動購票機買票。到關西機場第一航廈車程約51分鐘、第二航廈約61分鐘。單程車票大人1,550日幣、兒童780日幣。購買來回票有優惠，依照個人旅行規畫決定購買與否。

http 關西空港交通株式會社：www.kate.co.jp

❶近鐵上本町巴士站乘車處，在近鐵與大阪喜來登酒店中間的車道／❷自動售票機，有多國語言／❸利木津巴上出發前往關西機場／❹大阪合法民宿標誌

入住民宿注意事項

大阪「特區民宿」

日本2018年6月15日正式施行「民宿新法」，民宿業者經過一輪淘汰後，現在可以在大型訂房平台（例如：Airbnb、Booking.com）上架的民宿，均需提交合法民宿執照編號，才可營運。由於大阪府被列為日本「國家戰略特區」之一，適用「特區民宿」規範，可營業365天，不在民宿新法的一年只能營業180天之列。

入住民宿禮節

入住民宿，你的鄰居大多是日本居民，為了讓日本人對外國遊客留下好印象，分享以下入住禮節：

1. 公共空間請保持輕聲細語。想像如果你家隔壁就是民宿，講著你聽不懂的語言，或許你會對這些陌生旅客保持警覺。
2. 請做好垃圾分類，入住前請與房東確認清楚垃圾分類規則。大型垃圾（粗大ゴミ），例如不需要的行李箱丟棄在民宿，房東需要額外聯絡垃圾處理業者，預約收取大型垃圾的日期，而且需要負擔垃圾處理費，請將心比心。
3. 負責的房東能在旅客居住期間盡可能提供協助。房客也應尊重房東，除非遇到緊急狀況，不然不要過度打擾。

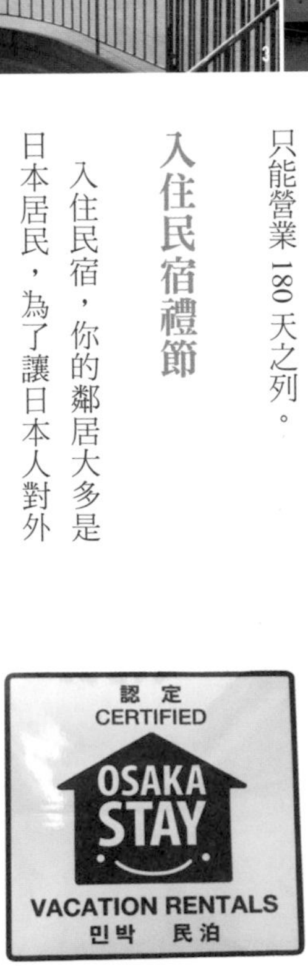

4

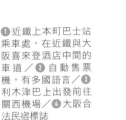

大阪交通票券

ICOCA 一卡在手省時又方便

如同台北捷運悠遊卡，還可用於便利商店、自動販賣機、部分商店小額付款。ICOCA卡除了可在日本關西地區地鐵、私鐵、JR、巴士使用，還可以在北海道、東京、福岡等城市使用。關於ICOCA卡的詳細事項，可上JR西日本官網查詢。

http www.jr-odekake.net

●一般卡

大阪地鐵站、南海電鐵、JR西日本各車站的自動售票機，只要自動售票機上有ICOCA卡圖示，就可直接購買，首次購買卡片一張費用2,000日幣（500日幣保證金加1,500日幣儲值），想辦理退卡時，可到JR綠色窗口（みどりの窓口）辦理退還保證金與儲值餘額。

●兒童卡

只能到JR綠色窗口（みどりの窓口）或南海電鐵售票櫃檯購買，外國旅客需出示兒童（12歲以下）護照，填寫兒童姓名、出生年月日、聯絡電話與自行設定4碼密碼的表格，ICOCA兒童卡採記名制，因為有設定密碼，若遺失可以補發。可使用到年滿12歲該年3月31日，之後即自動失效無法使用。兒童版ICOCA卡最低購買金額為1,000日幣（500日幣保證金加500日幣儲值），不需使用時可到JR綠色窗口（みどりの窓口）辦理退還保證金與儲值餘額。

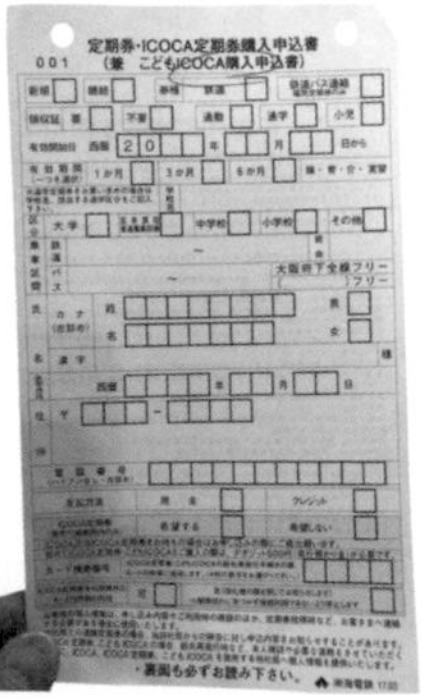

❶ICOCA兒童卡只能臨櫃填表購買／❷日本各大城市「悠遊卡」均可通用，每個剪票口閘口都有公告／❸ICOCA一般卡／❹ICOCA兒童卡只能用到滿12歲當年3月31日截止／❺大阪周遊卡背面有使用期限，一日券背面有記載可搭乘地鐵以外的私鐵範圍／❻❼大阪周遊卡一日券、二日券

大阪周遊卡 有效率遊覽大阪景點

購買大阪周遊卡，除了可當日無限次數乘坐大阪地鐵與市區巴士，還享有50個景點免費入場優惠，例如大阪城天守閣、大阪城西之丸庭園、梅田藍天大廈、HEP FIVE摩天輪、天保山大摩天輪等，有些「免費入場」景點有季節或入場參觀範圍限制，使用手冊均有說明限制。

大阪周遊卡一日券一張2,500日幣，二日券一張3,300

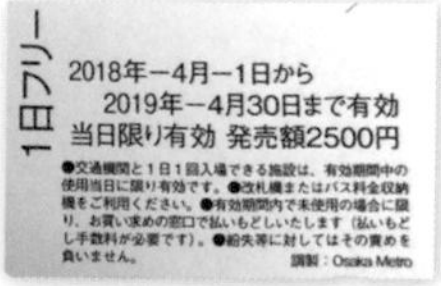

日幣，使用以「日期計算」，非「24小時制」。一日券除了大阪地鐵(Osaka Metro)，還可使用於部分私鐵路段(阪急、阪神、京阪、近鐵、南海電鐵)，二日券只能使用於大阪地鐵與市區巴士。此外，還推出「阪急擴大版」、「阪神擴大版」、「南海關空版」、「萬博紀念公園版」，價格各異，依照個人行程規畫選購。

http www.osp.osaka-info.jp

1

大阪地鐵一日乘車券

土日祝一日乘車券最划算

大阪地鐵一日乘車券取名為「エンジョイエコカード」(Enjoy Eco Card)，在大阪每個地鐵站自動售票機即可購買，容易取得且沒有使用期限，使用當日24:00失效。平日大人一張800日幣，週六、日、國定假日大人一張600日幣，小孩則一律一張300日幣。除了當天可無限次搭乘大阪地鐵與市區巴士(前往大阪環球影城USJ與前往IKEA巴士除外)，前往大阪各景點可享折扣(非免費入場)。個人推薦購買週末假日一日乘車券(土日祝一日乘車券)，一張600日幣，進出地鐵站超過三次就划算。

http subway.osakametro.co.jp

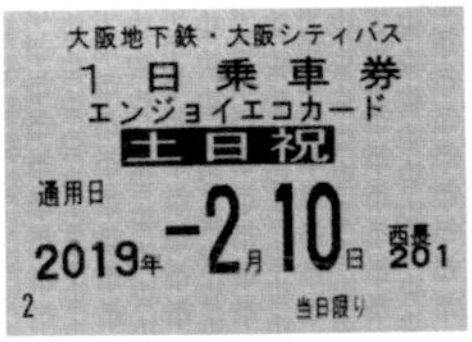

2

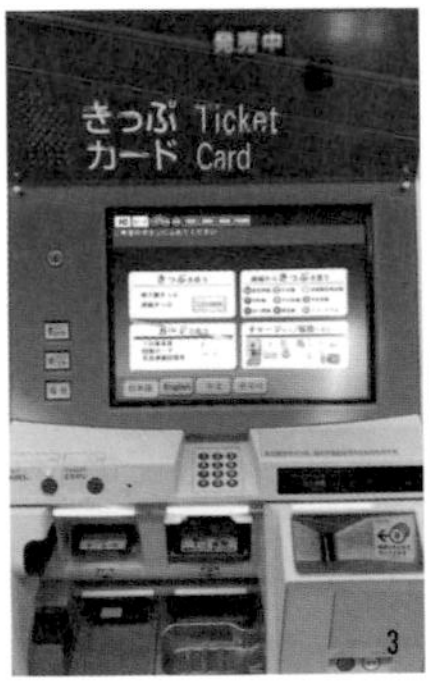

3

❶購買大阪周遊卡可索取手冊，內附優惠券／❷舊版「土日祝一日乘車券」／❸大阪地鐵自動售票機附有圖示、多國語言，操作直覺簡單／❹Travelex換匯／❺銀行臨櫃換匯／❻自助式換匯機器

換匯

換匯的日文「両替」，常見換匯地點有地下街金券行、日本橋地下街(BIC CAMERA出口B1)的「Travelex」、大阪服務據點多的「三菱UFJ銀行」(UFJ)與「三井住友銀行」(SMBC)臨櫃換匯。現在，在便利商店前、地鐵站附近、巴士站旁看到自助式換匯機器的頻率變高了，更方便即時。只是匯率如何就看個人判斷，急需外幣時只能認命付手續費。

6

5

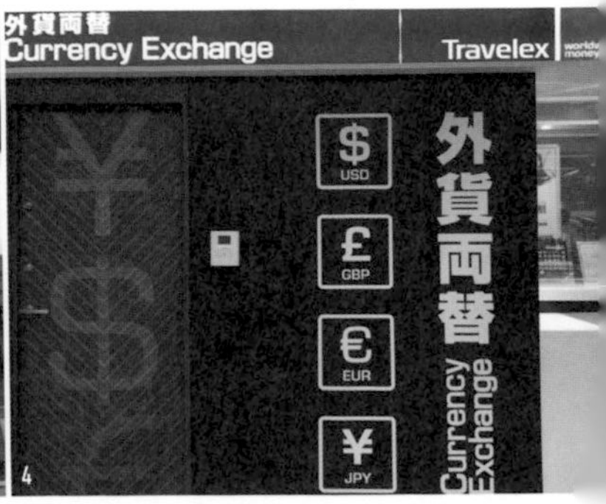

4

|世界主題之旅130|

大阪，慢慢散步：走進大阪人的經典與日常

作　　者　Vivian Chang

總 編 輯　張芳玲
發想企劃　taiya旅遊研究室
編輯部主任　張焙宜
企劃編輯　詹湘伃
特約主編　詹湘伃
封面設計　簡至成
美術設計　簡至成
地圖繪製　簡至成

國家圖書館出版品預行編目(CIP)資料

大阪,慢慢散步：走進大阪人的經典與日常 / Vivian Chang作. -- 初版. -- 臺北市：太雅, 2019.08
面；　公分. -- (世界主題之旅；130)
ISBN 978-986-336-335-4(平裝)

1.自助旅行 2.日本大阪市

731.75419　　108008424

太雅出版社
TEL：(02)2882-0755　FAX：(02)2882-1500
E-mail：taiya@morningstar.com.tw
郵政信箱：台北市郵政53-1291號信箱
太雅網址：http://taiya.morningstar.com.tw
購書網址：http://www.morningstar.com.tw
讀者專線：(04)2359-5819 分機230

出 版 者　太雅出版有限公司
台北市11167劍潭路13號2樓
行政院新聞局局版台業字第五〇〇四號

總 經 銷　知己圖書股份有限公司
106台北市辛亥路一段30號9樓
TEL：(02)2367-2044／2367-2047　FAX：(02)2363-5741
407台中市西屯區工業30路1號
TEL：(04)2359-5819 FAX：(04)2359-5493
E-mail：service@morningstar.com.tw
網路書店：http://www.morningstar.com.tw
郵政劃撥：15060393(知己圖書股份有限公司)

法律顧問　陳思成律師
印　　刷　上好印刷股份有限公司　TEL：(04)2315-0280
裝　　訂　大和精緻製訂股份有限公司　TEL：(04)2311-0221

初　　版　西元2019年08月01日
定　　價　310元

(本書如有破損或缺頁，退換書請寄至：
台中市西屯區工業30路1號 太雅出版倉儲部收)
ISBN 978-986-336-335-4
Published by TAIYA Publishing Co.,Ltd.
Printed in Taiwan

填線上回函，送“好禮”

感謝你購買太雅旅遊書籍！填寫線上讀者回函，
好康多多，並可收到太雅電子報、新書及講座資訊。

每單數月抽10位，送珍藏版
「祝福徽章」

方法：掃 QR Code，填寫線上讀者回函，就有機會獲得珍藏版祝福徽章一份。

填修訂情報，就送精選
「好書一本」

方法：填寫線上讀者回函，並提供使用本書後的修訂情報，經查證無誤，就送太雅精選好書一本（書單詳見回函網站）。

＊同時享有「好康 1」的抽獎機會

大阪，慢慢散步

https://is.gd/UlZtlF

＊「好康1」及「好康2」的獲獎名單，我們會於每單數月的10日公布於太雅部落格與太雅愛看書粉絲團。

＊活動內容請依回函網站為準。太雅出版社保留活動修改、變更、終止之權利。

太雅部落格 http://taiya.morningstar.com.tw

有行動力的旅行，從太雅出版社開始

太雅22週年慶

登錄發票，抽好禮，
首獎 CASIO 美肌運動防水相機

凡於2019.1.1-9.30期間購買太雅旅遊書籍（不限品項及數量）上網登錄發票，即可參加抽獎。

精緻好禮等你拿

抽好禮

登 錄 發 票

CASIO美肌運動防水相機
（型號：EX-FR100L）

首獎3名

普獎100名

M Square旅用瓶罐組
（100ml*2＋50ml*2＋圓罐*2）

掃我進活動頁面

活動時間
2019/01/01～
2019/09/30

發票登入截止時間
2019/09/30
23:59

網址
taiya22.weebly.com

中獎名單公布日
2019/10/15

活動辦法

- 於活動期間內，購買太雅旅遊書籍（不限品項及數量），憑該筆購買發票至太雅22週年活動網頁，填寫個人真實資料，並將購買發票和購買明細拍照上傳，即可參加抽獎。
- 每張發票號碼限登錄乙次，即可獲得1次抽獎機會。
- 參與本抽獎之發票須為正本(不得為手開式發票)，且照片中的發票上須可清楚辨識購買之太雅旅遊書，確實符合本活動設定之活動期間內，方可參加。
  *若電子發票存於載具，請務必於購買商品時告知店家印出紙本發票及明細，以便拍照上傳。

◎主辦單位擁有活動最終決定權，如有變更，將公布於活動網頁、太雅部落格及「太雅愛看書」粉絲專頁，恕不另行通知。